BASTEI
LÜBBE
TASCHENBUCH

Über die Autorin:

Joana Adesuwa Reiterer wurde 1981 in Nigeria geboren und arbeitete in der nigerianischen Film- und Entertainment-Industrie als Schauspielerin, Ausstatterin und Event-Produzentin. 2003 kam sie nach Österreich, wo sie 2006 den Verein EXIT gründete, der den Frauenhandel in Afrika bekämpft. Für ihr Engagement im Kampf gegen den Menschenhandel und gegen die Hexenverfolgung in Afrika wurde sie unter anderem von der Women's Federation for World Peace mit dem Titel »Ambassador of Peace« geehrt.

Joana Adesuwa Reiterer

Hexenkind

BASTEI
LÜBBE
TASCHENBUCH

BASTEI LÜBBE TASCHENBUCH
Band 60700

1. Auflage: Juli 2013
2. Auflage: September 2013

MIX
Papier aus verantwortungsvollen Quellen
FSC® C014496

Dieser Titel ist auch als E-Book erschienen

Vollständige Taschenbuchausgabe

Bastei Lübbe Taschenbuch in der Bastei Lübbe AG

Titelillustration: © getty-images/Colin Anderson
Umschlaggestaltung: Kirstin Osenau
Satz und Gestaltung: Raphaela Brandner
Gesetzt aus der Premiéra Book
Druck und Verarbeitung: GGP Media GmbH, Pößneck
Printed in Germany
ISBN 978-3-404-60700-6

Sie finden uns im Internet unter
www.luebbe.de
Bitte beachten Sie auch: www.lesejury.de

Der Preis dieses Bandes versteht sich einschließlich
der gesetzlichen Mehrwertsteuer.

2. Mose 22:18

Du sollst eine Zauberin nicht am Leben lassen

Prolog

Am 30. August 2010 stellte sich Godswill Akpabio, der Gouverneur des nigerianischen Bundesstaates Akwa Ibom, einem Interview auf CNN zum Thema Hexenverfolgung in seinem Land. Kurz zuvor hatte der Sender einen Bericht gebracht, der Beweise für die Misshandlung von sogenannten »Hexenkindern« vorlegte. Kinder, denen die Anwendung von schwarzer Magie vorgeworfen wurde, waren zusammengeschlagen und mit kochendem Wasser übergossen worden. Einige der Kinder waren mit Narben übersät, die auf Schnittwunden von Macheten hindeuteten. Andere erzählten, sie wären von ihren Familien verstoßen worden.

Der Gouverneur bezeichnete die Anschuldigungen als übertrieben. Solche Dinge kämen nur sehr selten vor. Außerdem habe er bereits im Jahr 2008 ein Gesetz gegen diese Vorkommnisse erlassen. Das Gesetz machte die Stigmatisierung eines Kindes als Hexe zu einer kriminellen Handlung, die mit bis zu fünfzehn Jahren Gefängnis bestraft werden konnte.

»Das brachte die Situation sofort unter Kontrolle«, sagte Akpabio.

Auf genauere Nachfrage gab er jedoch zu, dass noch niemand nach dem neuen Gesetz verurteilt worden war. Fünf Menschen wären aber bereits angeklagt worden und befänden sich in ihrem Gerichtsverfahren.

Der Gouverneur attackierte einen Bericht scharf, der von Stepping Stones Nigeria, einem Verein, der mit lokalen Straßenkindern arbeitet, an die Vereinten Nationen geschickt worden war. Der Bericht enthielt Beweise dafür, dass eine große Anzahl von Kindern in Akwa Ibom der Hexerei beschuldigt und in die Wälder gebracht worden waren. Dort waren sie mit Säure verätzt, verbrannt oder lebendig begraben worden.

»Dieser Report ist Teil einer medialen Propaganda gegen den Staat und wurde aus finanziellen Gründen verfasst«, behauptete Akpabio.

Er erklärte auch, dass er selbst nicht an Hexerei glaube. Er glaube auch nicht, dass tausende nigerianische Kinder misshandelt würden, weil sie angeblich Hexen seien. Dennoch nähme er diese Anschuldigungen sehr ernst.

»Es gibt keine Regierung, die zusehen würde, wie Kinder lebendig verbrannt und umgebracht werden, ohne Maßnahmen zu ergreifen.«

1

Sommer 2008

Die feuchte Hitze machte den Wagen zu einem Dampfbad. Unser Fahrer kurbelte sein Fenster herunter und heiße, trockene Luft mischte sich mit dem Dampf im Inneren des Fahrzeugs. Mit erhobenem Kopf und ausgestreckter Hand versuchte der Fahrer, die Aufmerksamkeit einiger Soldaten, die neben der Straße standen, auf sich zu ziehen.

»Was ist denn schon wieder?«, rief er.

Niemand kümmerte sich um ihn. Frustriert klopfte er gegen die Außenseite der Fahrertür.

»Nutzloses Pack. Statt Verbrecher zu jagen, stehen sie herum und halten ordentliche Leute auf.«

Laut wagte er seine Beschwerde nicht vorzutragen, um die Soldaten nicht zu verärgern. »Motherfuckers«, schimpfte er leise. Er drehte sich zu uns um. »Habt ihr ein bisschen Kleingeld?«

Ich durchsuchte meine Handtasche.

»Etwa hundert Naira«, sagte ich. Den irritierten Gesichtsausdruck meines Mannes Harald ignorierte ich. Ich wusste, was gleich geschehen würde.

Einer der Soldaten kam zum Fenster.

»Well done«, begrüßte er den Fahrer. Er meinte damit wohl die Tatsache, dass wir angehalten hatten.

Unser Fahrer lächelte nun höflich.

»Danke, Boss! Wie geht es heute?«

Nigeria war voller Schauspieler. Dieses Talent zur Verstellung unterstützte den Erfolg von Nollywood, der nigerianischen Filmszene.

Ein zweiter Soldat kam näher. Er umrundete unseren Wagen und spähte herein. Seine Mimik war starr und seine Augen waren blutunterlaufen. Ich sah weg. Der erste Soldat beugte sich durch das halb offene Fenster zu uns.

»Wohin fahrt ihr?«, fragte er.

Ein Windstoß trieb den Geruch von Alkohol durch den Bus. Meine Schwester Itohan, die hinter mir saß, kommentierte das flüsternd.

»Betrunken. Wie immer.«

Unser Fahrer rückte so weit wie möglich vom Fenster weg. Es sah aus, als hätte er Angst, sich bei dem Betrunkenen mit dessen Fahne anzustecken.

»Nach Benin City«, sagte er zu dem Soldaten. Dann drehte er sich zu uns um. »Die Kontrollen sind notwendig. Räuber machen seit Jahren diese Strecke unsicher.« Entweder wollte er uns damit beruhigen oder dem Soldaten noch mehr von seiner gespielten Wertschätzung zeigen.

Harald verzog das Gesicht. Er brauchte für seine bissigen Kommentare nicht zu flüstern. Er sprach einfach deutsch.

»Ich bezweifle stark, dass uns dieser Haufen von Betrunkenen vor irgendjemandem retten könnte«, sagte er.

Ich warf ihm einen warnenden Blick zu.

»Wer ist das weiße Kind?«, fragte der Soldat. Er hatte meinen Sohn Roland gesehen.

»Er gehört zu den anderen«, antwortete der Fahrer schnell. »Sie sind eine Familie.«

»Oh, well done, sister!« Der Soldat schenkte mir ein zweideutiges Lächeln, das seine braunen Zähne zeigte.

Ich bedankte mich höflich.

»Wird das hier noch lange dauern?«, fragte ich. »Es ist schon recht spät, und Sie wissen ja, wie gefährlich die Straßen in der Nacht sind.«

Wie gefährlich sie waren, wusste ich seit meiner letzten Reise auf der A121 von Lagos nach Benin. Das war sechs Jahre zuvor gewesen, einen Tag vor dem Geburtstag meiner Schwester. Geburtstage bedeuteten uns viel, und ich wollte ihren auf keinen Fall verpassen, insbesondere nicht nach der Trennung unserer Eltern. Also nahm ich einen Nachtbus nach Benin.

Auf halbem Weg fuhr der Bus über ein Brett, das quer über die Straße gelegt worden war. Es war gespickt mit Nägeln, die die Reifen des Busses sofort zum Platzen brachten. Der Wagen kam ins Schleudern und es fielen Schüsse. Die Menschen schrien und beteten. Blut spritzte an die Fenster. Ein brennender Schmerz durchfuhr mich, eine Schrotkugel hatte sich in meine rechte Schulter gebohrt. Irgendwie schafften wir es, durch die zerbrochenen Fenster ins Freie zu kriechen. Dort warteten schon die Räuber, eine Bande Jugendliche, auf uns. Wir mussten uns flach auf den Boden legen.

»Geld her oder ihr seid tot!«, schrien sie uns an.

Einige Menschen starben noch vor Ort. Andere, die Geld hatten, konnten sich freikaufen und durften in den Wald flüchten. Ich gab den Räubern alles, was ich hatte, und rannte. Erst drei Stunden später kam die Polizei.

Diese Nacht war mir eine Lehre gewesen, die Straße nach Benin nie mehr nach Einbruch der Dunkelheit zu nehmen. Die Narbe, die mir von der Schusswunde geblieben war, erinnerte mich immer wieder daran.

Der Soldat antwortete nicht. Mein Mann wurde immer unruhiger.

»Was wollen die eigentlich? Geld?« Der Ärger in seiner Stimme war unüberhörbar.

Ich betete, dass wir die Kontrolle unbeschadet überstehen würden und dass alles bald vorbei sein würde. Auch für mich waren diese sogenannten Checkpoints nervenaufreibend, insbesondere weil wir auf dieser Straße alle fünf Minuten einen passieren mussten.

»Wir sind sehr froh, dass Sie diese Autobahn sichern, das ist wirklich gute Arbeit«, sagte ich rasch zu dem Soldaten.

»Danke«, antwortete er. »Diese Idioten von Fahrern verstehen das leider nicht. Gestern erst haben wir wieder einen gerettet.«

Ich versuchte, interessiert auszusehen.

Der Fahrer suchte in seinen Taschen nach Kleingeld. Zumindest tat er so. Minuten verstrichen.

Der Soldat hatte keine Eile. Wild gestikulierend erzählte er uns von seinem tapferen Einsatz in der vergangenen Nacht, von Schüssen und von seinem Sieg gegen die Räuber. Mit einer Flasche Dry Gin aus seiner Hosentasche prostete er Gott im Himmel zu, der ihn heil aus der Sache herausgebracht hatte.

Zum Glück kannte sich unser Fahrer aus. Er war bei jedem Checkpoint stehen geblieben und hatte die Anweisungen der Soldaten mit einem verständnisvollen Lächeln befolgt. Solange ein Fahrer kooperativ war, machten sie keinen Gebrauch von den braunen Gewehren, die über ihren Schultern hingen.

Der Soldat vor unserem Fenster wurde ungeduldig und unterbrach seine Lobrede auf sich selbst.

»Beeil dich, Fahrer«, sagte er. »Du verzögerst alles.«

Mit der Spitze seines Gewehrs deutete er auf die Schlange wartender Autos hinter uns. Ich sah mich um. Links und rechts der Straße war der Busch. Die Pflanzen waren so braun wie der lehmige Boden, ausgetrocknet und mit Staub bedeckt. Frauen und Kinder liefen mit Obstschalen auf dem Kopf zwischen den Autos durch. Sie nutzten die Gelegenheit, um etwas zu verkaufen. Ich sah nach Roland. Er lächelte und zeigte mit seinem Kinderfinger auf den Soldaten.

»Oyibo Baby, du schwitzt aber sehr.« Der Soldat lachte Roland freundlich an. Dann wandte er sich wieder an mich. »Sister, putz seine Stirn. Er ist zu schön, um zu schwitzen.«

»Du bist es, der ihn in dieser Hitze warten lässt«, sagte ich steif. Ich nahm meine Tasche und suchte nach einem Geldschein.

»Gib ihm nichts«, sagte Harald. »Er bekommt genug Gehalt fürs Nichtstun.«

Ich ignorierte meinen Mann. Ich wollte dieses korrupte System natürlich nicht unterstützen, doch mehr als alles andere wollte ich weg von dieser Straße. Der Soldat spazierte inzwischen zu dem Auto hinter uns, während ein anderer unseren Bus umrundete. Die Sonne stand schon tief am Himmel. Je länger wir warteten, desto ängstlicher wurde ich. Vor allem wegen Roland. Er saß auf meinem Schoß, denn Kindersitze gab es in Nigeria nicht. Das machte mich fast noch nervöser als die Gewehre der Soldaten. Ich selbst war ebenfalls ohne Kindersitz aufgewachsen, doch in Europa hatte ich mich an die höheren Sicherheitsstandards gewöhnt. Hier, auf der staubigen Autobahn zwischen Lagos und Benin, schien Europa allerdings so fern zu sein wie der Mond.

Nachdem der Soldat seine zweite Runde vollendet hatte, steckte unser Fahrer seine Hand erneut aus dem Fenster. Der Soldat ergriff sie und zwanzig Naira wechselten unauffällig den Besitzer. So regelt man die Dinge hier.

Nachdem wir losgefahren waren, sprang die Klimaanlage an und die Temperatur im Auto war bald wieder angenehm. Ich sah von meinem Mann zu meinem Kind, dann aus dem Fenster auf die staubige Straße. Die nigerianische Sonne stand tief am Himmel und schien mir ins Gesicht.

Ich war zum ersten Mal seit vielen Jahren zurück in meiner Heimat. Offiziell war es eine Geschäftsreise. Vor fünf Jahren hatte ich in Wien einen Verein zur Bekämpfung von Menschenhandel gegründet, der hier in Nigeria eine Niederlassung hatte. Ich war gekommen, um einige Projekte voranzutreiben und mich mit der Leiterin vor Ort zu besprechen. Gleichzeitig wollte ich die Zeit nutzen, um meine Mutter, meine Geschwister und meine Großmutter wiederzusehen, die alle noch hier lebten. Seit ich aus Afrika fortgegangen war, hatte ich nur noch telefonisch Kontakt zu ihnen gehabt.

Dann war da auch noch mein Vater. Ich hatte niemandem von meinem heimlichen Wunsch, auch ihn zu treffen, erzählt. Meinem Mann Harald nicht und schon gar nicht meiner Mutter, die am wenigsten Verständnis dafür gehabt hätte. Mein Vater hatte unsere Familie zerstört. Wegen ihm hatte ich viele Nächte auf der Straße verbringen müssen. Doch er war auch der Grund, warum ich nächtelang wach lag und mich nach Hause sehnte. Er war immer noch mein Daddy, und ich wünschte mir nichts mehr als einen Neuanfang mit ihm. Doch was zwischen uns vorgefallen war, war nicht so einfach zu vergessen.

2

1997 – 2008

Meine Eltern hatten immer schon viel gestritten. Anfangs, als ich noch klein war, war alles noch nicht so schlimm gewesen. Mein Vater führte eine erfolgreiche Tankstelle, von deren Einnahmen unsere Familie gut leben konnte. Wir waren eine normale Familie der nigerianischen Mittelschicht. Meine Mutter arbeitete als Lehrerin. Meine beiden Brüder, meine kleine Schwester und ich besuchten gute Schulen. Mein Vater war geschäftlich viel unterwegs. Oft nahm er uns auf seine Reisen mit und wir verbrachten viele schöne Tage an den Stränden von Nigeria.

Irgendwann änderte sich etwas. Ich weiß nicht genau wann, und ich weiß bis heute nicht, warum es gerade zu diesem Zeitpunkt geschah. Eines Tages sah mein Vater meine Mutter mit anderen Augen an. Hatten sie sich zuvor immer wieder kurz wegen Kleinigkeiten gezankt, so stritten sie jetzt heftig und lange, bis meine Mutter nach- oder aufgab und weinend in die Küche flüchtete. Ich sah sie zu keinem Zeitpunkt mehr ohne blaue Flecken. Sie trug eine riesige Sonnenbrille, doch ihre geschwollenen Augen und die Schrammen waren nicht zu übersehen. Niemand wagte es, sich einzumischen. Bekannte und Verwandte sahen einfach weg.

»Das ist eine familieninterne Angelegenheit«, sagten sie.

Es war der Vorwurf der Hexerei, der im Raum stand, und in so etwas wollte niemand hineingezogen werden. Meine Großmutter war die Einzige, die uns zu helfen versuchte. Doch mein Vater verbot ihr, unser Haus zu betreten, und so konnte sie nicht viel tun. Sie durfte nicht einmal mit meiner Mutter, ihrer eigenen Tochter, reden. Ich wusste, dass sich meine Eltern früher oder später trennen würden.

Mein Vater hatte Probleme mit seinem Geschäft. Da die Schuld dafür seiner Meinung nach unmöglich bei ihm liegen konnte, musste er sie bei jemandem anderen suchen. Zuerst beschuldigte er seine eigenen Eltern, insbesondere seinen Vater. Zu ihm durften wir daher keinen Kontakt haben. Auch seine Geschwister verdächtigte er, ihm aus Eifersucht auf seinen Erfolg schaden zu wollen. Deshalb ging er gemeinsam mit seiner Cousine, meiner Tante Clara, von einer Kirche zur nächsten, um sich Rat zu holen. Zum Schluss landete er bei einem Juju-Priester, der schnell eine Schuldige fand: meine Mutter. Sie sollte meinen Vater verhext haben.

Jeden Tag kam mein Vater nun mit neuen Beschuldigungen nach Hause. Er drängte meine Mutter, zuzugeben, dass sie eine Hexe sei. Das wäre ihre einzige Chance, sein Geschäft und ihre Ehe zu retten.

»Wenn du es zugibst, bezahle ich sogar die notwendigen Rituale, um deine bösen Kräfte zu vertreiben«, bot er ihr an.

»Vielleicht lassen sich deine Kräfte auch umkehren und du kannst sie für etwas Gutes einsetzen. So hätten wir alle etwas davon. Deine Kinder könnten weiter zur Schule gehen. Tu es, wenn du deine Kinder liebst!«

Mein Vater drängte meine Mutter jeden Tag mehr und wurde immer aggressiver dabei. Einmal prügelte er so heftig auf sie ein, dass sie fast ohnmächtig wurde.

»Eure Mutter ist böse, weil sie nicht zugeben will, dass sie eine Hexe ist«, rechtfertigte er sich vor uns Kindern.

Seine Ausbrüche wurden so schlimm, dass sogar ich meine Mutter zu einem Geständnis drängte. Ich flehte sie an, es für uns, ihre Kinder, zu tun.

»Akzeptiere einfach die Beschuldigungen. Mach die Rituale und dann wird alles wieder gut«, sagte ich.

Ich war egoistisch. Ich hatte Angst, mein Vater würde in Konkurs gehen und könnte das Schulgeld für unsere guten Schulen nicht mehr bezahlen. Meine Mutter war nur eine einfache Lehrerin und verdiente nicht annähernd genug, um dafür aufzukommen.

»Wir alle sind von Daddy abhängig«, sagte ich. »Bitte, tu einfach, was er sagt.«

Da wusste ich noch nicht, dass ich bald selbst an die Stelle meiner Mutter rücken würde – als der nächste Sündenbock meines Vaters.

»Deine Frau ist nicht die Einzige, die dir schadet«, verkündeten die Priester meinem Vater eines Tages. Ich war damals etwa vierzehn Jahre alt. »Zwei deiner Kinder sind ebenfalls Hexen. Auch sie müssen ihre Schuld zugeben. Das ist die einzige Möglichkeit, den Bann zu brechen.«

Als mein Vater von den Priestern nach Hause kam, erzählte er uns, was sie gesagt hatten. Wir Kinder mussten uns in einer Reihe aufstellen, während er vor uns auf und ab schritt und die Worte der Priester wiedergab. Von da an hörten die Anschuldigungen nicht mehr auf. Jedes Mal wenn ich nach Hause kam, redete mein Vater auf mich ein. Meine Zeit daheim wurde zur Qual.

Mit sechzehn wurde ich an der Universität angenommen. Ich war froh, eine gute Ausbildung zu bekommen. Das war in Nigeria nicht selbstverständlich, schon gar nicht für ein Mädchen. Solange mein Vater das Geld für die Universität bezahlte, konnte ich studieren. Ich musste jedes Wochenende zwei Stunden mit dem Bus nach Hause fahren, um mir das Schulgeld für die nächste Woche abzuholen. Das viele Fahren machte mir nichts aus. Ich wusste aber, dass es nur eine Strategie meines Vaters war, um mich im Auge zu behalten. Wenigstens sah ich meine Mutter und meine Geschwister, wenn ich am Wochenende heimkam.

Als ich eines Abends die Straße zu unserem Haus entlangging, sah ich meinen Vater schon am Balkon stehen und auf mich warten. Er zupfte seine Kleider zurecht und sah auf mich herunter. Seine Augen und sein Mund waren zu schmalen Schlitzen zusammengepresst. Es war klar, dass es Ärger geben würde. Diesen Ausdruck in seinem Gesicht kannte ich bereits. Mein Vater kochte vor Wut.

Unsere Nachbarn standen am Zaun und sahen zu uns herüber. Auch sie wussten wohl, dass es heute wieder einmal einen schrecklichen Streit geben würde. Ich hasste es, ein Teil dieser öffentlichen Vorführungen zu sein. Ich schämte mich. Doch unsere Nachbarn hatten nichts Besseres zu tun, als immer wieder unseren Streitereien zu lauschen. Die Familienzwiste waren eine willkommene Abwechslung in ihrem eintönigen Alltag. Ich hörte, wie sie tuschelten. Manche wollten uns sogar

Anweisungen geben, als führten sie Regie in einem schlechten Film.

Mein Vater liebte es, der Protagonist unserer kleinen Dramen zu sein. Ob er dabei eine gute oder böse Rolle spielte, war ihm offenbar egal. Hauptsache, er stand im Mittelpunkt.

»Was tust du hier?«, fragte er mich von seinem Balkon herunter.

Ich fühlte alle Kraft aus meinem Körper weichen. Ich stammelte meine übliche Begrüßung.

»Guten Abend, Daddy.«

»Bleib, wo du bist!«, befahl er.

Ich blieb wie angewurzelt vor dem Zaun stehen, nur ein paar Meter von meinem Elternhaus entfernt. Ich wartete, dass irgendetwas geschehen würde. Ich hoffte, meine Mutter würde aus dem Haus laufen und mir helfen, doch sie kam nicht.

Eine unserer Nachbarinnen rief mir die schreckliche Nachricht schließlich zu.

»Deine Mutter ist fort!«

Mein Vater hatte sie aus dem Haus geworfen. Ich sah die Frau mit offenem Mund an und für einen kurzen Moment glaubte ich, in Ohnmacht zu fallen. Mir schwindelte und dann hatte ich das Gefühl, mich von meinem Körper zu lösen, hoch oben zu schweben und das Geschehen am Boden wie aus großer Entfernung zu beobachten. Ich sah mich selbst auf dem Hof stehen. Ein Mädchen ohne Mut und Hoffnung. Die zornige Stimme meines Vaters durchschnitt die Stille und brachte mich ruckartig zurück in die Realität.

»Böses Kind! Du bist eine Hexe!«, schrie er.

Seine Worte schmerzten wie Messer in meiner Brust. Tränen flossen unkontrolliert über meine Wangen. Mein Vater war außer sich vor Wut.

»Beide seid ihr Hexen! Adesuwa! Itohan! Eine nutzlose Mutter habt ihr! Geht zu ihr!«, schrie er. »Hexen, Wassergöttinnen, Ogbanjes, das seid ihr! Wegen euch habe ich alles verloren.«

Erschrocken hörte ich, wie mein Vater auch meine kleine Schwester angriff. Er gab uns die Schuld an seinen finanziellen Misserfolgen, und nun schrie er seine Wut heraus, damit alle Nachbarn davon hörten.

In Nigeria haben die meisten Menschen genauso viel Angst vor bösen Kräften wie mein Vater.

Ich wusste, es würde nicht lange dauern, bis unsere Nachbarn alles weitererzählt hatten. Bald würden alle meine Freunde davon erfahren und auch sie würden es weitererzählen, bis es ganz Benin wusste. Meine Schwester Itohan und ich waren als Hexen gebrandmarkt.

»Bring ihre Sachen her«, hörte ich meinen Vater zu meinem älteren Bruder Fred sagen.

Fred gehorchte. Mein Vater riss ihm den Reisesack mit Schwung aus der Hand, sodass Fred beinahe der Länge nach hingefallen wäre. Der Sack fiel vom Balkon, landete auf dem betonierten Teil unseres Hofes und riss auf.

Ich lief hin, sammelte die Kleider ein und machte einige schnelle Schritte zurück zum Tor. Itohan kam aus dem Haus und lief auf mich zu.

»Ich will mitkommen!« Sie weinte und umfasste meine Taille.

Sie war erst elf und reichte mir gerade bis zur Schulter. Mein Vater hatte sie ebenfalls eine Hexe genannt, doch aus dem Haus geworfen hatte er sie noch nicht. Heute war der Großteil seiner Wut gegen mich gerichtet, ihr Tag würde wohl erst später kommen.

Itohan hatte dennoch Angst vor ihm, jetzt da Mutter und ich nicht mehr da sein würden. Sie umklammerte meinen Bauch, so fest sie konnte. In mir fühlte es sich an, als ob etwas zerbrechen würde. Mein Magen war leer, bis auf einen beißenden Schmerz, der mich fast umwarf.

»Ich weiß noch nicht, wo ich hingehe, und ich habe kein Geld. Bleib lieber hier«, sagte ich mit letzter Kraft zu Itohan, doch sie wollte nicht hören.

»Nein, lieber sterbe ich!« Sie weinte und hielt mich fest. »Du wirst es schaffen. Du wirst dich um mich kümmern.«

»Verlasst beide dieses Haus«, schrie da mein Vater. »Ihr seid Hexen, genau wie eure Mutter. Auch du, Itohan! Ihr seid alle gleich. Verlasst mein Grundstück, bevor ich das Gewehr hole und euch erschieße!«

Itohan brauchte mich nicht weiter zu überreden. Ihr Tag war nun doch schon früher gekommen.

Wir kamen vorübergehend bei unserer Großmutter unter. Wir waren völlig mittellos, besaßen nur noch die wenigen Kleidungsstücke, die mein Vater uns erlaubt hatte mitzunehmen. Wir hatten kein Geld für die Schule und kaum zu essen.

Wenn ich mich heute an diese Zeit erinnere, ist alles ein bisschen verschwommen. Doch so aussichtslos die Lage auch war, irgendwie ging es immer weiter, mal bergauf, mal bergab. Ich fand eine Arbeit und baute mir ein Geschäft auf. Ich zog meine Schwester groß. Wir überlebten.

Ich lernte einen Mann kennen, heiratete und kam nach Österreich. Die Ehe scheiterte, doch auch danach musste es weitergehen. Langsam arbeitete ich mich nach oben und baute mir eine neue Existenz auf.

Ich lernte Harald kennen. Ich wollte anderen Menschen in Not helfen und gründete den Verein EXIT. Nun, elf Jahre nach diesem furchtbaren Abend, war ich erneut, und dieses Mal wirklich glücklich verheiratet. Mein erstes Kind, Roland, war bereits ein Jahr alt. Ich hatte mein Leben im Griff.

3

Wir waren bereits mehr als sechs Stunden unterwegs, und das, obwohl die Entfernung zwischen Lagos und Benin City nur knapp dreihundert Kilometer beträgt. Die vielen Checkpoints und die tiefen Löcher in der Straße hatten uns drei Stunden gekostet. Schließlich hielten wir an einer der vielen Raststationen, die gemeinsam mit Öltankern, Motorrädern und Verkaufsständen die Straße säumten. Wir waren im nigerianischen Bundesstaat Ondo gelandet, in einer Stadt namens Ore.

»Ore ist ein guter Ort, um Rast zu machen. Von hier aus ist es nicht mehr weit«, meinte meine Schwester.

Sie hatte recht. Von Ore waren es nur noch dreißig Kilometer bis nach Benin, höchstens eine Stunde Fahrt.

»Fünf Minuten«, sagte unser Fahrer. Er wollte nicht länger hier bleiben als unbedingt nötig.

Ich reichte Roland meiner Schwester, die ihn bereitwillig auf den Schoß nahm, und stieg aus dem Auto, um meine Beine nach der langen Fahrt kurz auszustrecken. Sofort schlug mir das intensive Aroma von Suya entgegen. Suya war eines der wenigen Dinge, die ich in Österreich wirklich vermisste. Die gegrillten Fleischspieße mit Erdnüssen sind eine nigerianische Delikatesse.

Ich bestellte an einem der Stände eine Portion und wartete. Heißer Wind blies mir um die Ohren und wehte mir Sand und Staub ins Gesicht. Ich hielt mir die Hand flach über die Augen und sah mich blinzelnd um. Ich war wirklich wieder in Nigeria. Ich konnte es noch gar nicht glauben. Die tiefe Sehnsucht, die ich schon seit Jahren gefühlt hatte, stieg mit voller Kraft in mir hoch und mischte sich mit Vorfreude und Angst.

Eine Stimme riss mich aus meinen Gedanken. Das Suya war fertig. Die Verkäuferin hielt es mir lächelnd hin. Rasch nahm ich es und ging zum Wagen zurück. Der Fahrer wartete schon ungeduldig.

Wir kamen Benin City immer näher und mit jedem Kilometer schlug mein Herz etwas schneller. Ich legte den Kopf auf Haralds Arm. Durch die Windschutzscheibe sah ich schon die ersten Häuser von Benin. In der Ferne bewegten sich Menschen. Nur noch vier Kilometer bis zur Stadtgrenze.

Benin ist eine mittelgroße Stadt mit etwas mehr als einer Million Einwohner. Palmen, Straßenstände und rostige Autos prägen das Straßenbild.

Busfahrer hupten und drängelten sich hektisch durch den Verkehr. Ich wusste, die meisten von ihnen hatten nicht einmal einen Führerschein. Junge Männer auf Motorrädern überholten waghalsig Autos, Busse und Fußgänger. Ich sah unzählige Kirchen, und christliche Sprüche schmückten auch die normalen Wohnhäuser. Das war meine Heimatstadt.

»Hier gefällt es mir besser als in Lagos«, sagte Harald, nachdem er das Fenster heruntergekurbelt und tief eingeatmet hatte. »Die Luft ist besser.«

Wir fuhren mit mäßiger Geschwindigkeit durch die Stadt und Harald und ich betrachteten aufmerksam die Umgebung. Roland wehrte sich gegen meine Hand, die ihn fest auf meinem Schoß hielt. Auch er war neugierig auf diese fremden Geräusche und Gerüche und die bunten Farben. Meine Schwester berichtete uns, was sich alles geändert hatte, seit ich weggegangen war.

»Nach neunzehn Uhr dürfen die Motorrad-Taxis nicht mehr fahren und es gibt jetzt Bankomaten. Zumindest bei ein paar Banken.«

»In Benin kennt jeder jeden. Bald wird jeder wissen, dass ich wieder da bin«, sagte ich.

Ich sah gedankenverloren aus dem Fenster und suchte nach vertrauten Plätzen. Ich hatte gehofft, dass es hier noch so sein würde wie früher, doch alles kam mir fremd vor. Tränen traten mir in die Augen, der Fahrtwind trieb sie schnell über mein Gesicht. Harald bemerkte, dass ich weinte. Er nahm mich in den Arm.

»Es ist gut, alles ist gut«, sagte er.

Seine Worte konnten gegen meine Tränen nichts ausrichten. Ich weinte vor Freude, endlich wieder zu Hause zu sein und die Erde der Heimat zu riechen.

So emotional ich während der langen Anreise nach Benin gewesen war, so ernüchternd war der Aufenthalt selbst. Wir wohnten in einem Hotel mitten in der Stadt. Tagsüber hatte ich viel zu tun. Ich war hier, um zu arbeiten. Mein Verein EXIT hatte einen Film über Menschenhandel produziert, den ich Schulkindern vorführen wollte. Es wurde zu einem großen Event. Über fünfhundert Schüler sahen den Film, und ich hatte ein gutes Gefühl, als ich zurück in unser Hotelzimmer kam.

Ich traf meine Geschwister jeden Tag, und jeden Abend kam meine Großmutter und brachte Essen. Meine Mutter sah ich nur selten.

Nachdem mein Vater meine Mutter aus dem Haus gejagt hatte, war sie aus Nigeria weggegangen und hatte uns Kinder im Stich gelassen. Zumindest sah ich es so. Sie war zwar nach vier Jahren zurückgekommen und hatte wieder Kontakt zu mir und meinen Geschwistern aufgenommen, doch ganz hatte ich ihr nie vergeben können.

Nach dreißig Tagen voller Termine, Geschäftstreffen und Projekte hatte ich schließlich genug. Ich fühlte mich in Benin nicht wohl. Nichts war so, wie ich es mir vorgestellt oder in Erinnerung gehabt hatte. Ich wollte zurück nach Österreich.

An ein Treffen mit meinem Vater verlor ich keinen Gedanken mehr. Anfangs hatte ich noch die heimliche Hoffnung gehegt, ihn während meiner Reise wiederzusehen. Nun war ich mehr denn je davon überzeugt, dass ein Treffen mit ihm einfach nicht möglich war.

Mein Vater verdiente keinen Besuch, redete ich mir ein. Er hatte mich als Hexe bezeichnet. Mich gedemütigt. Mit sechzehn Jahren aus dem Haus geworfen. Er verdiente es nicht, dass ich den ersten Schritt zur Versöhnung machte.

Der Tag unserer Abreise rückte immer näher und ich konzentrierte mich nur noch darauf, meinen Mann und meinen Sohn wieder sicher nach Hause zu bringen.

Meine erste Reise in meine Heimatstadt war nicht aufregend gewesen. Sie war nicht erholsam gewesen und es hatte keine Aussprache, keine Antworten und keine Erfüllung gegeben. Ich kehrte zurück nach Österreich, zu meiner Arbeit und meinem Alltag. Die Sehnsucht nach meinem Vater nahm ich aus Nigeria wieder mit nach Europa.

1

Frühjahr 2010

Es war ein besonders warmer Frühlingsmorgen. Ich machte Frühstück für meine Familie, erledigte die Hausarbeit, brachte Roland in den Kindergarten und machte mich auf den Weg zur Arbeit.

Mit einer Tasse Kaffee in der Hand stand ich im Erdgeschoss des Bürogebäudes, in dem ich meinen Arbeitsplatz eingerichtet hatte. Von hier aus koordinierte ich die verschiedenen Projekte von EXIT.

Ich hatte den Verein gegründet, um gegen den Menschenhandel und die Zwangsprostitution von afrikanischen Frauen zu kämpfen. Seit fünf Jahren hielt ich Vorträge in der ganzen Welt, führte Beratungsgespräche mit Opfern und versuchte die Aufmerksamkeit der Öffentlichkeit auf die katastrophalen Verhältnisse zu lenken, unter denen tausende afrikanische Frauen litten.

Im dritten Stock öffneten sich die Türen für mich und ich freute mich auf einen neuen Tag. Mein Büro war nicht allzu groß, doch ich fand es gemütlich. Ich stellte den Kaffee auf den Tisch, der übervoll mit Papieren und Ordnern war, und ordnete einige lose Blätter. Am Rand des Tisches kam eine dicke schwarze Mappe zum Vorschein. »Witch Hunt« stand darauf. Ich nahm die Mappe und lehnte mich in meinem Stuhl zurück. Seit einigen Wochen beschäftigte ich mich mit dem Thema Hexenwahn. Eine unserer neuen Klientinnen hatte mich dazu veranlasst. Sie war zwei Jahre zuvor nach Wien gekommen. Wie viele andere hatte sie ihr Geld mit Prostitution verdienen müssen. Schließlich war sie von ihrer »Madam«, ihrer Zuhälterin, weggelaufen. Danach war sie als Hexe gebrandmarkt gewesen. In einer nigerianischen Pfingstkirche hatte sie Trost und bei EXIT Hilfe gesucht.

Trotz meiner Vergangenheit und meiner persönlichen Erfahrungen mit dem Phänomen Hexenwahn hatte ich das Thema bis jetzt verdrängt. EXIT beschäftigte sich vorrangig mit Menschenhandel, und auf diesem Gebiet hatten wir schon einiges an Aufklärungsarbeit geleistet. Doch für mein nächstes Beratungsgespräch brauchte ich mehr Hintergrundinformationen zu dem Thema, persönliche Erfahrungen reichten da nicht aus. Ich blätterte noch immer in dem Ordner, als das Telefon läutete. Meine Freundin Gerlinde klang aufgeregt.

»Joana, ich habe sehr interessante Neuigkeiten für dich. Gerade habe ich eine Anfrage vom Bayerischen Rundfunk bekommen. Sie wollen eine Dokumentation über dich und deine Arbeit drehen.«

Gerlinde Freis war Geschäftsführerin einer PR-Agentur. Sie engagierte sich für meinen Verein und half mir bei der Öffentlichkeitsarbeit. Wir waren gute Freundinnen.

»Wow«, sagte ich. »Das klingt toll. Wie kommt das?«

Ich war erstaunt über diese Nachricht.

»Der Sender plant einen Film über Hexenverfolgung. Die Redakteure sind von deiner Geschichte und von deiner Arbeit beeindruckt. Bist du dabei?«

»Natürlich. Ich bin bei allem dabei, was unserer Sache dient.« Ich freute mich über diese überraschende Chance. Je mehr Menschen von den Problemen, mit denen wir kämpften, erfuhren, desto eher konnten wir etwas ändern.

Ich ging meinen Terminkalender durch und machte Gerlinde ein paar Vorschläge.

Dann ging alles sehr schnell. Gerlinde organisierte für mich mehrere Treffen mit Christel Hinrichsen vom Bayerischen Rundfunk. Bald traf ich auch die Regisseurin des Films, Andrea Morgenthaler. Beide kamen immer wieder nach Wien, um mit mir ein Konzept zu entwickeln.

»Warum werden Frauen als Hexen bezeichnet?«, fragte Christel mich bei unserem ersten Treffen.

Zu diesem Zeitpunkt wusste ich selbst noch keine Antwort darauf. Ich erklärte trotzdem, so gut ich konnte, was ich bis jetzt recherchiert hatte.

»Viele der Juju-Priester und auch manche Pastoren der Pfingstkirchen behaupten, besondere Kräfte zu haben. Diese Kräfte würden es ihnen ermöglichen, Hexen zu erkennen. Sie sagen auch, sie hätten Kontakt zu spirituellen Wesen, die ihnen helfen, Besessene zu befreien.«

Christel machte sich eifrig Notizen.

»Wenn eine Hexe von diesen bösen Kräften befreit werden kann, hätte man das nicht auch bei dir versuchen können?«

»Hat man auch«, sagte ich. »In meinem Fall stand der Misserfolg meines Vaters am Beginn der ganzen Sache. Er besaß eine Tankstelle und hatte mit dieser immer gutes Geld verdient. Wir waren ziemlich wohlhabend, als ich klein war. Doch als in Nigeria eine Wirtschaftskrise einsetzte, lief sein Geschäft immer schlechter. Da beschuldigte er seine Familie, ihm zu schaden. Für ihn konnte nur der Einfluss von bösen Geistern schuld an seinem Unglück sein. Dass seine eigenen Handlungen oder die schlechte Wirtschaftslage der Grund für seine Misserfolge sein könnten, akzeptierte er nicht.«

Ich machte eine kurze Pause und trank einen Schluck Kaffee, um meine Erinnerungen zu ordnen.

»Er brachte uns zu verschiedenen Priestern, die mit uns diverse Rituale durchführten. Danach setzten sie immer eine bestimmte Frist fest. Bis zum Ablauf dieser Frist sollte entweder alles wieder gut werden oder wir würden alle sterben. Doch nie geschah etwas. Keiner von uns starb und die Situation verbesserte sich auch nicht.«

»Die Tendenz, die Schuld immer den anderen zuzuschieben, ist seit jeher in der menschlichen Zivilisation verankert«, sagte Gerlinde.

»Das stimmt. Manche meistern ihre Misserfolge trotzdem besser als andere. Für meinen Vater war die Hexerei eine brillante Ausrede, wahrscheinlich sogar vor sich selbst.«

Ich sprach auch lange mit der Regisseurin Andrea. Wir verstanden uns sofort gut. Sie war die richtige Person, um meinen Film zu drehen. Mit ihr wollte ich diesen Weg gehen. Den Weg, der in meine eigene Vergangenheit führen würde, die ich so lange verdrängt hatte.

»Glaubst du, dass dein Vater mit uns spricht?«, fragte Christel, als hätte sie meine Gedanken erraten.

»Mit euch allein?«, fragte ich.

»Nein, natürlich mit dir zusammen.«

Da war er. Mein Grund, endlich Kontakt mit meinem Vater aufzunehmen. Für Christel und den Film war es wichtig, ein Gespräch mit ihm zu führen, aber ebenso wichtig war es auch für mich persönlich. Ich wollte endlich eine Erklärung für das Geschehene von ihm hören. Ich wollte den Hexenwahn, von dem er besessen gewesen war, verstehen. Nur wenn ich verstand, was in meinem Vater vorgegangen war, würde ich in der Lage sein, meine Vergangenheit zu verarbeiten. Dann könnte ich auch anderen besser dabei helfen, mit ähnlichen Situationen umzugehen. Der Albtraum, den ich wegen meinem Vater durchgemacht hatte, war kein Einzelfall. Das hatte ich durch meine Arbeit erfahren. Immer wieder hörte ich bei meiner täglichen Beratungsarbeit mit Opfern des Menschenhandels ähnliche Geschichten.

»Vielleicht. Vielleicht auch nicht«, sagte ich. Ich konnte nicht einschätzen, wie mein Vater reagieren würde, aber ich war entschlossen, es zu versuchen. »Ich frage ihn.«

Am Ende unseres Gesprächs hatten wir bereits einen festen Termin für die Dreharbeiten. Im November würden wir nach Nigeria reisen. Davor trafen wir uns noch viele Male im Wiener Café Westend. Wir erstellten einen genauen Reise- und Drehplan. Ich würde nach Benin fliegen und dort mit meinem Onkel Kabat, der selbst in der nigerianischen Filmindustrie tätig war, und einem einheimischen Kamerateam zu meinem Vater gehen. Auf diese Weise würde er sich vielleicht eher öffnen, als wenn eine Gruppe Europäer vor seinem Haus stand. Mit Kabat würde ich außerdem in das nigerianische Bundesland Akwa Ibom fahren, das im Süden des Landes lag. Laut einem Bericht, den Andrea im Internet gefunden hatte, lebten dort etwa fünfzehntausend Kinder auf der Straße. Fünfundneunzig Prozent von ihnen waren von ihren Familien verstoßen worden, weil sie angeblich Hexenkinder waren. Wir wollten dort ein Dorf besuchen, das zu einem Zufluchtsort für diese Kinder geworden war und angeblich rund zweihundert Hexenkinder beherbergte. Andrea würde mit dem deutschen Filmteam direkt nach Ghana fliegen, wo ich sie anschließend treffen sollte. Die Regisseurin wollte auch Interviews mit meiner Mutter, meiner Großmutter und meiner Schwester führen, also würde ich meine Familie nach Ghana mitnehmen. Anschließend würden wir verschiedene Hexendörfer und Kirchengemeinden besuchen. Alles in allem waren etwa zwei Wochen für die Reise geplant.

Ich freute mich. Ich konnte es kaum erwarten, abermals nach Hause zu kommen und meine Familie wiederzusehen. Ich wollte endlich nachholen, was ich auf meiner letzten Reise nicht geschafft hatte. Nur vor dem Anruf bei meinem Vater hatte ich Angst.

5

November 2010

Schweißgebadet erwachte ich aus einem Albtraum. Gleich nach meinem ersten Gespräch mit Andrea hatte ich mir von meinem Bruder Fred die Telefonnummer meines Vaters geben lassen. Seitdem waren Monate vergangen, und noch immer hatte ich es nicht geschafft, zum Hörer zu greifen und seine Nummer zu wählen. Stattdessen erlebte ich die Ereignisse meiner Jugend praktisch jede Nacht aufs Neue. Dieses Mal war es wieder der Tag gewesen, an dem mein Vater mich aus dem Haus geworfen hatte. Mein Traum hatte so echt gewirkt, dass mir Tränen in den Augen standen, als ich aufwachte.

Ich wollte meine Familie nicht wecken, also stieg ich leise aus dem Bett und schlich ins Wohnzimmer. Es war mitten in der Nacht. Im Haus war es still. Das einzige Geräusch kam vom Computer, dessen Belüftung leise summte, als ich ihn einschaltete.

Ich sah meinen Terminkalender durch, der immer griffbereit neben der Tastatur lag, wenn er nicht gerade in meiner Handtasche steckte. Es war für den nächsten Tag nichts eingetragen, außer dieser Nummer. Dieser verdammten Nummer, die mich bis in den Schlaf verfolgte und traurige Erinnerungen weckte.

Es war eindeutig zu früh, um jemanden in Nigeria anzurufen. In Benin City war es ein Uhr morgens. Ich konnte aber mit dieser ständigen Angst nicht mehr leben.

»Was willst du von ihm? Willst du dich noch mehr verletzen lassen? Dich noch einmal enttäuschen lassen?«, hatte mein jüngster Bruder Richard gefragt, als ich ihm von meinem Vorhaben erzählt hatte. »Er hat sich nicht geändert. Er ist noch immer der gleiche aggressive Mann.«

Richard hatte kein Bedürfnis, wieder Kontakt mit unserem Vater aufzunehmen, und er verstand auch nicht, dass ich das wollte. Ich konnte ihm diese Einstellung nicht verübeln. Mein Vater hatte unserer Familie zu viel angetan. Trotzdem nagte diese Sehnsucht nach ihm an mir.

»Ruf ihn einfach an«, hatte meine Mutter gesagt. »Vielleicht muss er dich erst ein weiteres Mal enttäuschen, damit du ihn endlich vergessen kannst.«

»Ich bete jeden Tag, dass er seine Fehler einsieht und uns wieder lieb hat.« Das hatte meine Schwester gesagt. Sie hoffte auf eine Versöhnung, doch wirklich daran glauben konnte sie nicht.

Nur meine Großmutter teilte meine Hoffnungen.

»Dieser Mann hat euch alle wie Dreck behandelt«, hatte sie gesagt. »Ich weiß, dass er es eines Tages bereuen und euch um Verzeihung bitten wird. Ich hoffe nur, dass er es nicht erst auf seinem Sterbebett tut.«

Dreizehn Jahre lang hatte ich auf diesen Moment gewartet. Ich nahm mein Mobiltelefon und wählte rasch die Nummer, bevor ich es mir wieder anders überlegen konnte. Es klingelte ein, zwei, drei, vier Mal, doch niemand hob ab. Nach dem fünften Läuten gab ich auf und drückte den roten Knopf.

»Hallo?«, hörte ich gerade noch eine verschlafene Stimme sagen. Daddy.

Mein Herz klopfte laut. Ich saß da und ärgerte mich über mich selbst. Ich hatte zu schnell aufgelegt. Sollte ich ihn einfach noch einmal anrufen? Schließlich war er ohnehin schon wach.

Ich ließ es bleiben. Stattdessen beantwortete ich ein paar E-Mails. Davon warteten immer viele in meinem Posteingang, egal wann ich meinen Computer einschaltete.

Beim Arbeiten überlegte ich weiter, ob ich meinen Vater nicht doch noch einmal anrufen sollte. Doch seine Stimme, dieses eine kurze »Hallo« hatte mich wie eine Welle des Schmerzes durchfahren. Ich saß am Computer, bis ich völlig erschöpft war. Ich wollte kurz die Augen schließen, doch mein Kopf blieb auf meinem Handrücken liegen.

Ein Schrei weckte mich und brachte mich aus einem erneuten Albtraum zurück in unser Wohnzimmer. Harald redete im Kinderzimmer leise mit unserer Tochter Doreen. Unser zweites Kind war erst vor wenigen Monaten geboren worden und brauchte seine Mutter noch alle paar Stunden. Doch mein Mann und ich waren mittlerweile ein eingespieltes Team und hatten Doreens Wachphasen gut im Griff. Außerdem hatten wir durch Roland Übung darin, gemeinsam den Alltag mit einem Baby zu bewältigen.

Ich drehte Licht und Computer ab und machte mich auf den Weg ins Kinderzimmer, um Harald die Kleine abzunehmen. Nach wenigen Minuten war der kleine Körper wieder schlaff und Doreen schlief ruhig in meinen Armen. Das Stillen beruhigte sie immer. Auch ich spürte, wie mein Körper nach Ruhe verlangte. Bald lag ich wieder neben Harald im Bett und schlief einen traumlosen Schlaf.

Nur wenige Stunden später war ich wieder wach und erledigte meine übliche Morgenroutine. Waschen, anziehen, Frühstück machen, Roland wecken, das Baby stillen. Pünktlich um sieben Uhr verabschiedete ich mich von meinen beiden Männern mit Küssen – Roland musste in den Kindergarten und Harald zur Arbeit. Dann wartete ich, bis Doreen wieder eingeschlafen war und setzte mich mit einer Tasse Kaffee zurück an den Computer.

Gedankenverloren starrte ich auf den schon wieder übervollen Posteingang meines E-Mail-Programms, bis der Bildschirmschoner ansprang.

Ich weiß nicht, wie lange ich dort saß. Als ich mich endlich entschloss, die Nummer meines Vaters noch einmal zu wählen, war ich alle möglichen Gesprächsanfänge und Szenarien für das Telefonat im Kopf durchgegangen, der Computer war mittlerweile im Stand-by-Modus und mein Kaffee war kalt.

Ich presste den Hörer an mein Ohr und wartete. Mein Puls raste, meine Hände waren feucht und der Knoten in meinem Hals war so groß, dass ich Angst hatte, kein Wort herauszubringen. Diesmal würde ich trotzdem nicht auflegen.

»Hallo?«, hörte ich die tiefe Stimme meines Vaters sagen.

»Hallo Daddy.«

»Wer ist das?«, fragte er überrascht, aber nicht unhöflich.

»Adesuwa aus Österreich.«

»Welche Adesuwa?«

Ich seufzte. Dieses Spiel kannte ich schon.

»Ich glaube nicht, dass du so viele Adesuwas in Österreich kennst, oder?«, sagte ich.

Es folgte eine lange Pause. Keiner von uns sagte etwas. Ich hörte meinen eigenen Atem unnatürlich laut.

»Hallo?«, sagte ich endlich leise.

Als mein Vater antwortete, klang seine Stimme sanft und fröhlich.

»Was hat dich veranlasst, mich heute anzurufen?«

Überrascht über seinen milden Ton antwortete auch ich etwas sanfter. Ich erklärte ihm, dass ich oft daran gedacht hatte, ihn anzurufen. Dass ich mich nicht getraut hatte und ständig auf den richtigen Moment gewartet hatte.

»Ich auch«, sagte mein Vater. »Ich habe auch oft an dich gedacht. Hätte ich deine Nummer gehabt, hätte ich mich gemeldet.«

Das war eine Ausrede und sie irritierte mich. Ich hatte drei Geschwister, eine Mutter und eine Großmutter in Nigeria, die alle wussten, wie ich zu erreichen war. Wenn er wirklich den Kontakt zu mir gesucht hätte, hätte er meine Nummer leicht herausfinden können. Ich wies ihn auf diesen Umstand hin, so freundlich ich konnte.

»Gut jedenfalls, dass du angerufen hast«, sagte er ausweichend. »Also, wo bist du?«

»Ich bin in Österreich. In Wien.«

»Wann kommst du nach Nigeria?«

»Wenn du bereit bist, mich wiederzusehen.«

»Natürlich will ich dich sehen! Du warst meine Tochter, bis du dich anders entschieden hast.«

Es war typisch, dass er die Ereignisse so verdrehte und mir die Schuld an unserem Bruch zuschob. Ich ging nicht weiter darauf ein.

»Eigentlich wollte ich schon nächste Woche nach Nigeria kommen«, sagte ich. »Ich komme, um zu recherchieren und einen Film zu drehen, und ich würde dich wirklich gerne sehen. Ich weiß nicht, ob ich mit dem ganzen Filmteam nach Benin kommen kann, womöglich müssen wir in Lagos bleiben. Glaubst du, es wäre möglich, dass du nach Lagos kommst?«

»Natürlich! Für meine verlorene Tochter fahre ich auch nach Lagos.« Mein Vater lachte fröhlich.

Ich versprach ihm, mich vor meiner Abreise noch einmal zu melden, und so endete unser erstes Gespräch. Friedlich. Ich lächelte. Ich war stolz, dass ich mich endlich getraut hatte, ihn anzurufen, und freute mich, dass das Telefonat so gut verlaufen war.

Ich trank meinen Kaffee. Dass er schon eiskalt war, fiel mir gar nicht auf. Wahrscheinlich wäre es mir auch nicht aufgefallen, wenn er sich in der Zwischenzeit in Salzwasser verwandelt hätte. Ich war glücklich. Ich träumte von der Wiedervereinigung unserer Familie.

Zwei Tage vergingen, ehe ich mich wieder bei meinem Vater meldete. Dazwischen lag das Wochenende, und ich nutzte die freie Zeit, um in Erinnerungen zu schwelgen. Unter unserem Ehebett bewahrte ich eine weiße Plastikbox auf, die ich aus Nigeria mitgebracht hatte. Nun zog ich sie hervor und setzte mich auf das Bett.

Als ich den Deckel abnahm, stieg mir ein altbekannter Geruch in die Nase, leicht modrig mit einer Mischung aus Leder und verschiedenen Räucherstäbchen. Ich blätterte durch das lederne Album, in dem ich Fotos, Zeichnungen und Briefe aus meiner Kindheit aufbewahrte. Da war ein Foto von mir und zwei Freundinnen vor unserer alten Schule. Meine kleine

Schwester, wie sie allein im Garten Mababa spielte. Ich dachte an die Zeit, als ich mich selbst als kleines Kind stundenlang mit diesem Spiel beschäftigt hatte. Es ist ein typisches Spiel für Mädchen, bei dem die Kinder Sand, Wasser und verschiedene Kräuter aus dem Garten sammeln und so tun, als würden sie ein leckeres Essen daraus kochen. Roland hatte für solche Koch-Spiele nicht viel übrig, aber ich freute mich schon auf die Zeit, wenn meine Tochter alt genug war, um Mababa zu spielen.

Ich blätterte weiter und fand ein Bild von meinen Brüdern, auf dem sie gemeinsam vor unserem Haus posierten. Mummy stand verschwommen im Hintergrund. Dann ein Bild von meinem Vater. Er stand vor seiner Tankstelle und lächelte direkt in die Kamera.

Er war ein großer Mann. Stattlich, mit breiten Schultern und Händen, die mir als Kind so groß vorgekommen waren wie die eines Giganten. Seine Haare waren gekämmt, mit Gel geglättet und tiefschwarz. Sie waren gefärbt, denn in Wirklichkeit waren sie schon lange grau gewesen. Ich drehte das Foto um und suchte nach einem Datum, doch ich fand keines. Ich wollte wissen, wann dieses Bild gemacht worden war. Ich konnte mich nicht erinnern, wann ich meinen Vater zum letzten Mal so lächeln gesehen hatte. Seit er zum ersten Mal Hexereianschuldigungen in unserem Haus geäußert hatte, war alles Lachen aus unserer Familie verschwunden.

Ich klappte das Album zu und legte es zurück in die Kiste. Vielleicht würde es ja schon bald neue Fotos von mir und meiner Familie geben. Mit lächelnden Gesichtern.

Zwei Tage nach unserem ersten Telefonat wählte ich wieder Daddys Nummer. Diesmal war ich nicht mehr so nervös wie beim ersten Mal, sondern saß entspannt zurückgelehnt auf meinem Schreibtischstuhl. Doch bevor ich mit meiner Begrüßung fertig war, unterbrach er mich.

»Adesuwa, ich habe ein Problem«, sagte er. Er war aufgeregt. Er erzählte mir von seinem Heimatdorf, das einige Kilometer südlich von Benin lag. »Die Menschen dort werden wegen des Erdölvorkommens in der Gegend ausgebeutet«, sagte er. Er berichtete von großen Erdölkonzernen, die das arme Dorf angeblich schamlos zugrunde richteten, und von seinem Kampf gegen diese Großmächte. Die Geschichte von seinem Engagement für das Dorf klang gut, fast heroisch. Doch was sollte ich mit dieser Information?

»Du kommst doch mit einem Filmteam nach Nigeria«, sagte er. »Deine Filmleute und die Journalisten sollen über die Situation berichten. Wir brauchen Aufmerksamkeit.«

Er fragte nicht »Wie geht es dir?« oder »Was machst du?« oder »Hast du eine Familie?«. Das alles interessierte meinen Vater nicht. Er wollte nur mein Pflichtbewusstsein wecken und mich für seine Zwecke verwenden. Mein Herz wurde schwer. Ich versuchte, ruhig zu bleiben und die Situation zu nutzen, um ihn nach der Drehgenehmigung zu fragen, die ich ohnehin noch einholen musste.

»Weißt du, Daddy, das Filmteam plant eine Dokumentation über mich und meine Arbeit, und in diesem Zusammenhang wollten sie auch mit dir ein Interview führen. Wärst du damit einverstanden?«

»Natürlich, das ist wunderbar! Ein glücklicher Zufall, genau das wollte ich. Etwas Publicity. Wenn du das für mich und die Menschen im Dorf erreichen kannst, dann bist du wirklich bei uns willkommen.«

Dieses »uns« schmerzte mich. Denn damit meinte er natürlich seine neue Familie. Er hatte nach der Trennung von meiner Mutter schnell wieder geheiratet und mit seiner neuen Frau drei Kinder bekommen. Seine alte Familie war seitdem endgültig in den Hintergrund gerückt.

Ich wusste nicht, was ich von der ganzen Sache halten sollte. Es war klar, dass mein Vater mich für seine Fehde gegen die Erdölkonzerne benutzen wollte. Ich hoffte trotzdem, dass er mich auch wirklich wiedersehen wollte. Außerdem kämpfte er anscheinend für eine gute Sache. Ich wollte die Stimmung nicht verderben und riskieren, dass er mich womöglich gar nicht mehr empfangen wollte. Also wich ich aus.

»Ich muss mir das noch überlegen, Daddy. Ich komme ohnehin in zwei Tagen, dann können wir über alles reden«, sagte ich.

Widerwillig gab er sich damit zufrieden. Ich versprach, bald noch einmal anzurufen und wir legten auf.

Nach diesem Gespräch war ich weit weniger enthusiastisch als nach unserem ersten Telefonat. Ich fühlte wieder den altbekannten Knoten in meinem Magen, den ich in den letzten Jahren immer gespürt hatte, wenn ich an meinen Vater gedacht hatte.

Ich versuchte, nicht zu viel an dieses Gespräch zu denken. Die Flüge waren gebucht, der Aufenthalt und unsere Reiserouten waren durchgeplant. Ich würde meinen Vater wiedersehen und wir würden reden. Mit ein wenig Glück würde es doch noch eine Versöhnung geben, vielleicht sogar mit der ganzen Familie. Alles war möglich, jetzt wo ich diesen ersten Schritt gemacht hatte.

Mit diesen Gedanken beruhigte ich mich, und als ich ein paar Stunden später meine Koffer packte, war der Knoten bereits von einem Gefühl der Vorfreude verdrängt worden. Nicht einmal meine Mutter konnte mich jetzt noch von meinem

Vorhaben abbringen, als ich sie kurz darauf anrief, um ihr alles zu erzählen.

Wir hatten noch immer kein gutes Verhältnis zueinander, doch ich hoffte, dass sich auch das im Zuge meines Besuches ändern würde. Rechtzeitig, bevor sie mich im Frühjahr nächsten Jahres besuchen würde. Ich hatte sie Anfang des Jahres zu mir nach Österreich eingeladen. Ich wollte ihr mein neues Leben zeigen, meine neue Heimat, meinen Mann und meine Arbeit. Ich wollte, dass meine Kinder ihre Oma kennenlernten. Sie sollte einfach wieder Teil meiner Welt sein. Danach sehnte ich mich, besonders seit ich selbst Mutter war.

Wie versprochen rief ich noch ein letztes Mal bei Daddy an, bevor ich Wien verließ, um mich auf den Weg nach Afrika zu machen. Es läutete nur ein einziges Mal, bevor er abhob. Im Hintergrund hörte ich Kinderstimmen.

»Adesuwa«, sagte er sofort. Er hatte meine Nummer anscheinend gespeichert und wusste, dass ich es war, noch bevor ich etwas gesagt hatte.

»Ja, Daddy, hallo«, begrüßte ich ihn. Ich wollte ihn gerade fragen, wie es ihm ging, als er weitersprach.

»Adesuwa, was hast du eigentlich für Pläne für deine Geschwister?«, fragte er.

Ich wusste nicht, wovon er sprach.

»Ich mache mir keine Sorgen um mich selbst«, fuhr er fort. »Ich kann auf mich aufpassen, aber was ist mit deinen Geschwistern?«

Warum kümmerte es ihn, was mit meinen Geschwistern war? Sie alle hatten seit Jahren keinen Kontakt mehr zu ihm. Warum setzte er sich für sie ein? Warum glaubte er, dass es meine Pflicht sei, Pläne für ihre Zukunft zu machen?

Dann verstand ich. Es ging natürlich nicht um meine erwachsenen Geschwister, die Kinder meiner Mutter. Es ging um die Kinder seiner zweiten Frau. Seine »neue Brut«, wie er sie selbst schon vor dreizehn Jahren bezeichnet hatte.

Wenn du nicht selbst für sie sorgen kannst, warum hast du sie dann überhaupt bekommen, wollte ich sagen, doch natürlich tat ich das nicht. Ich schluckte den Satz, der mir schon auf der Zunge lag, hinunter und tat so, als ob ich ihn nicht verstanden hätte.

»Daddy, ich bin mittlerweile selbst Mutter von zwei kleinen Kindern. Meine Geschwister sind erwachsen, sie können gut selbst auf sich aufpassen und ihre Zukunft gestalten.«

»Nein, so geht das nicht, Adesuwa«, sagte er. »Du musst mir Geld schicken.«

Ich dachte, ich hätte mich verhört. Was zum Teufel ging in diesem Mann vor?

»Schick es über Western Union und schick auch Geschenke. DHL funktioniert bei uns.«

Er wollte Geld von mir. Von mir, die er als Hexe aus dem Haus gejagt hatte. Über Western Union. Die Sache war so absurd, dass sie schon fast wieder komisch war. Ich wollte so schnell wie möglich auflegen, bevor ihm noch mehr Forderungen einfielen, doch er sprach sofort weiter.

»Du rufst nach so langer Zeit bei mir an und willst mich sehen. So einfach geht das nicht. Ich bin dein Vater und du bist nicht einmal auf die Idee gekommen, mir etwas zu schicken. Mich zu unterstützen. Wahrscheinlich profitiert nur deine Mutter von dir.«

Ich unterbrach ihn.

»Daddy«, sagte ich, »ich bin bald in Nigeria. Dann können wir über alles reden, in Ordnung?«

»Also gut. Wann genau wird das sein?«, fragte er, wahrscheinlich um zu wissen, wann genau er mit dem Geld rechnen konnte. Ich tat, als sei die Verbindung schlecht.

»Hallo? Daddy, kannst du mich noch hören? Hallo?«

Er sagte ja, doch da legte ich bereits auf.

6

Lagos, November 2010

Heiße, stickige Luft empfing mich in der Ankunftshalle des Murtala Mohammed Flughafens in Lagos. Ich ließ mein Handgepäck fallen und zog Jacke und Pullover aus. Der Flughafen war ordentlicher und sauberer, als ich ihn in Erinnerung hatte. Die Gepäckabfertigung war aber so langsam wie immer. Mehr als eine Stunde wartete ich auf meinen Koffer.

Es war gerade noch hell, als ich das Gebäude endlich verließ. Der Platz vor dem Ausgang war voller Menschen, die ihre Verwandten und Freunde erwarteten. Ich suchte nach Richards Gesicht. Mein jüngerer Bruder hatte versprochen, mich abzuholen.

Da kam ein groß gewachsener junger Mann mit gepflegtem Bart aus der Menge auf mich zu. Ich lief ihm entgegen.

»Richard! Wow, siehst du aber gut aus. So erwachsen.«

»Hello, big Sister.« Das war seine Standard-Begrüßung für mich, seit wir Kinder waren.

»Es ist schön, wieder hier zu sein.« Ich lachte und sah mich um. »Dieser Flughafen ist so hektisch ... Bist du mit dem Auto hier?«

Richard hatte einen Taxifahrer engagiert. Wir kämpften uns durch eine Unmenge an Menschen – Polizei, Militär, Taxifahrer und Geldwechsler. Vor allem die Geldwechsler, »Mallams«, wie sie in Nigeria genannt wurden, waren aufdringlich. Sie waren immer auf der Suche nach neuen Opfern, die nicht wussten, dass die meisten von ihnen Betrüger waren. Insbesondere Ausländer, die zum ersten Mal in Nigeria waren, fielen auf sie herein und bekamen für ihre Dollars, Euro oder Pfund nur Falschgeld. Die Mallams waren meist verschwunden, lange bevor es den Betrogenen auffiel.

Ich brauchte dringend Naira. Richard erinnerte mich an die Wechselzentrale neben dem Flughafen, bei der ich mein Geld sicher wechseln konnte.

Der Parkplatz war nicht weniger laut und hektisch als die Ankunftshalle. Autos und Taxis parkten kreuz und quer und verursachten einen Stau, durch den sich auch unser Taxi nur im Schneckentempo kämpfen konnte. Soldaten versuchten, das Chaos unter Kontrolle zu bringen, indem sie mit Holzstöcken umhergingen und jedem Falschparker kräftig auf das Autodach schlugen. Richard drehte sich vom Beifahrersitz zu mir um und zwinkerte mir zu, als wollte er sagen, dass sich hier nie etwas ändern würde.

Da bemerkte unser Fahrer, dass sein Kofferraum nicht richtig geschlossen war. Trotz der Soldaten wagte er es, auf der Straße anzuhalten und auszusteigen. Noch bevor er um den Wagen herum war, stürzten sich mehrere Männer auf den

Kofferraum, um dem Fahrer beim Neuordnen der Gepäckstücke zu helfen, wie sie ihm versicherten. Ich drehte mich um und sah zu, wie sie einen Koffer nach dem anderen aus dem Auto nahmen, um dann alles wieder hineinzuschichten.

»Stopp, hört auf!«, rief unser Fahrer. »Ich brauche eure Hilfe nicht. Hört auf, euch einzumischen!«

Die Männer ließen sich von ihrer Tätigkeit nicht abbringen. Kein Wunder, denn für so viel Hilfsbereitschaft würden sie eine großzügige Spende von uns verlangen. Bald wurden zwei der Soldaten auf uns aufmerksam und kamen in unsere Richtung. Sie schrien, dass wir einen Stau verursachten und dass wir endlich weiterfahren sollten. Unser Fahrer schlug den Kofferraumdeckel zu und rannte zurück auf seinen Platz. Er drehte den Schlüssel, doch der Wagen wollte nicht mehr anspringen.

»Mistkarre«, schimpfte er und stieg wieder aus. »Wir müssen schieben!«

Richard und ich stiegen ebenfalls aus und schoben den Wagen gemeinsam mit den hilfsbereiten Männern von hinten an.

»Bewegt euch, oder wollt ihr, dass ich schieße!«, schrie einer der Soldaten, während er auf uns zulief und sein Gewehr demonstrativ hin und her schwang. Der Fahrer stieg ein und versuchte es erneut. Diesmal sprang der Motor an. Richard und ich sprangen schnell in das Taxi, während es bereits davonrollte. Die Männer liefen uns nach und bettelten um Geld. Richard drückte einem von ihnen ein paar Naira in die Hand.

»Das reicht nicht, mein Herr. Wir sind ja so viele. Bitte gib uns noch ein bisschen«, sagte der Mann. Durch das offene Fenster reichte ich einem anderen noch ein paar Scheine, dann ließen sie endlich von uns ab. Ich kicherte auf dem Rücksitz. Für einen Flughafen in Afrika war das alles ganz normal.

Es dauerte eine Ewigkeit, bis wir das Flughafengelände endlich verlassen hatten und auf der Autobahn waren. Es blieb heiß, das Auto hatte keine Klimaanlage. Während wir fuhren, ging die Sonne unter. Ich hatte gar nicht gemerkt, wie spät es schon war. Eine kühle Brise wehte durch die offenen Fenster herein.

Gegen zweiundzwanzig Uhr erreichten wir endlich mein Hotel. Richard half mir, mein Gepäck auf das Zimmer zu bringen. Danach setzten wir uns in die Hotelbar. Wir hatten uns so viel zu erzählen, dass die Taxifahrt bei Weitem nicht ausgereicht hatte. Richard berichtete mir von seinem Leben, seiner Arbeit und seiner neuen Freundin.

»Sie ist sehr klein«, sagte er.

»Wer? Deine Freundin?«

»Ja.«

Ich lachte. Richard war immer sehr auf die Meinung anderer Leute bedacht.

»Das ist doch völlig egal«, sagte ich. »Solange ihr euch liebt, passt es.«

Ich erzählte von Harald und den Kindern. Als stolze Mutter konnte ich stundenlang von den Fortschritten und Erlebnissen der Kleinen erzählen, auch wenn es sich oft nur um Banalitäten handelte.

Ich trank gerade den letzten Schluck meines Guinness, als Richard auf meinen geplanten Besuch bei unserem Vater zu sprechen kam.

»Mummy meinte, wir sollten dich davon abbringen«, sagte er. Er lächelte. »Ich weiß natürlich, dass das keinen Sinn hat. Du musst aus deiner eigenen Erfahrung lernen.«

Ich nickte. Ich würde es mir nicht verzeihen, wenn ich es nicht zumindest versuchte.

»Okay«, sagte Richard. »Wenn du wirklich zu ihm willst, dann geh nicht allein hin. Er ist ein verrückter alter Mann, der leicht die Kontrolle verliert. Fred und ich kommen mit.«

»Da wird viel los sein. Daddy und seine vierköpfige Familie, das Filmteam, du, Fred und ich alle in einem Haus? Na, ich weiß nicht, ob das gut geht. Wir werden sehen, okay?« Ich lachte. »Ich bin schon sehr müde und muss jetzt ins Bett. Lass uns morgen noch einmal darüber reden.«

»Also bis morgen um acht«, sagte Richard.

Ich lächelte.

»Ja, morgen um acht. Gute Nacht.«

Morgen um acht würden wir also nach Benin aufbrechen.

7

Am nächsten Tag waren wir spät dran, weil ich noch meine Papiere in Ordnung bringen musste. Wir fuhren zum Flughafen. Ich saß auf dem Rücksitz unseres Taxis und sog die Luft tief ein, während Richard auf dem Beifahrersitz mit Kopfhörern Musik aus dem Radio hörte. Die Luft war frisch und roch nach Meer.

Das erinnerte mich an früher. Hier in Lagos hatte ich die ersten Jahre verbracht, nachdem mein Vater mich aus dem Haus gejagt hatte. Stück für Stück hatte ich mir hier ein neues Leben aufgebaut und zum ersten Mal so etwas wie Freiheit erlebt. Fern von den strengen Augen und den vielen Regeln meines Vaters hatte ich zum ersten Mal frei atmen können.

Diese Freiheit hatte einen hohen Preis gehabt. Meine Schwester war bei unserer Großmutter geblieben, doch die hatte trotz ihrer gehobenen Stellung beim Militär selbst nur ein recht kleines Einkommen. Um zwei weitere Mägen zu füllen, reichte das Geld nicht. Drei warme Mahlzeiten täglich waren schon gar nicht drin. In Lagos gab es mehr Möglichkeiten, Geld zu verdienen, als in Benin. Deshalb war ich hierhergekommen. Ich war nicht völlig allein gewesen. Betty, ein Mädchen aus unserer Stadt, hatte ebenfalls nach Lagos gewollt, um Arbeit zu finden. Gemeinsam hatten wir unser Glück versucht.

Wir fuhren über die CMS-Bridge nach Victoria Island. Am Straßenrand liefen Mädchen mit Tabletts voller Früchte und anderen Waren auf dem Kopf herum. Genauso hatten auch Betty und ich angefangen. Jeden Tag, egal ob es regnete oder der starke Wind uns Staub in die Augen wehte, hatten wir so unser Geld verdient. Unser Nachtlager war unter dieser Brücke gewesen. Ich lehnte mich aus dem Fenster, um besser zu unserem alten Schlafplatz sehen zu können. Tatsächlich lagen auch heute Pappkartons auf dem Boden, genau dort, wo wir früher geschlafen hatten.

Ich dachte an Betty. Bis heute war ich für ihre Freundschaft in dieser schweren Zeit unendlich dankbar. Allein wäre alles noch viel schlimmer gewesen.

Ich sah aus dem Fenster und schwelgte in Erinnerungen, bis wir die Stadt verließen. Es war Zeit, Daddy anzurufen und ihm zu sagen, dass ich noch heute in Benin ankommen würde. Er hob bereits nach dem zweiten Läuten ab.

»Hello, yes?«

»Hello Daddy, good afternoon. Hier ist Adesuwa. Ich wollte dir nur sagen, dass ich schon in Lagos bin.«

»Ich schaffe es nicht nach Lagos. Zu viel Arbeit. Wann kommst du nach Benin?«, fragte er.

Ich hatte nichts anderes erwartet und die Reise schon längst so geplant, dass ich zu meinem Vater nach Benin fahren würde und nicht er zu mir nach Lagos. Das Filmteam hatte mir noch vor meiner Abreise versichert, dass sie auch nach Benin kommen könnten. Die Absage war also nicht schlimm.

»Ich komme heute nach Benin, Daddy. Heute Abend.«

»Okay. Ruf mich an, wenn du da bist, dann hole ich dich vom Flughafen ab.«

Seine Stimme klang steif, ganz anders als bei unserem ersten Telefonat. Keine Emotionen, keine Freude. Nicht einmal die Aufregung, die ich bei unserem zweiten Telefonat in seiner Stimme gehört hatte, war noch vorhanden. Richard sah mich fragend an, doch ich ließ mir nichts von meinen Bedenken anmerken. Ich wollte nur möglichst schnell zum Flughafen, um noch ein Ticket zu bekommen. Eine Fahrt über die Autobahn von Lagos nach Benin wollte ich nicht noch einmal riskieren, schon gar nicht nachts.

Wir hatten Glück und ergatterten gerade noch die allerletzten Sitze im Flugzeug. Der Flug dauerte nicht lang. Für mich fühlte er sich trotzdem an wie eine Ewigkeit.

Als wir endlich in der Ankunftshalle standen, konnten wir Daddy nicht finden. Ich blickte in alle Richtungen, stellte mich auf die Zehenspitzen, um über die Köpfe der vielen Menschen hinwegzuschauen, doch meinen Vater sah ich nicht. Wenigstens mein älterer Bruder Fred war da.

Er trug enge Jeans, ein blau kariertes Hemd und eine dunkle Achtzigerjahre-Sonnenbrille. Mit dem Mobiltelefon, das er ständig an sein Ohr presste, sah er aus wie ein perfekter Businessmann. Als er mich entdeckte, legte er auf, steckte das Telefon in die Hose und nahm die Brille ab. Darunter kam das Gesicht eines gutaussehenden jungen Mannes zum Vorschein, den ich fast nicht wiedererkannte. Nur die Augen waren noch dieselben. Ich freute mich, Fred wiederzusehen. Auch die nigerianische Leiterin von EXIT war da. Wir begrüßten und umarmten einander und plauderten auf dem Weg nach draußen über unsere Familien, den Verein, neue Projekte und den Film. Am Flughafen war das Filmen verboten, deshalb waren Onkel Kabat und sein Team im Moment in der Stadt, um dort ein paar Aufnahmen zu machen.

Ich sah auf die Uhr. Um meinen Vater zu besuchen, war es heute schon zu spät, selbst wenn wir vom Flughafen direkt zu ihm gefahren wären. Ich hatte mich in der Zeit verschätzt. Noch von der Ankunftshalle aus rief ich meinen Vater an, um ihm das zu sagen. Er unterbrach schon meinen ersten Satz schroff.

»Was willst du?«, fragte er.

Ja, was wollte ich eigentlich? Ich war tausende Kilometer geflogen, um ihn zu sehen. Ich fragte mich, ob ich ihm das sagen sollte, doch eigentlich sollten meine Absichten doch klar sein.

»Ich bin gerade in Benin angekommen. Heute ist es schon spät, aber morgen könnten wir uns sehen«, sagte ich.

»Okay. Kommst du mit dem Filmteam?«

Ich bejahte.

»Wo sollen wir uns treffen?«, fragte ich.

Wir hatten bis jetzt keinen klaren Treffpunkt vereinbart.

»Hast du meine Adresse vergessen? Du weißt, wo ich wohne. Wenn du mich sehen willst, dann komm zu mir nach Hause.«

Mir gefiel nicht, wie sich dieses Gespräch entwickelte. Noch beunruhigender fand ich den Ton meines Vaters.

»Okay«, sagte ich zögernd. »Dann komme ich morgen um neun in der Früh.«

»Ich bin zu Hause und warte auf dich«, sagte er und legte auf.

Fred, Richard und ich fuhren zu dem Hotel, in dem ich für die Zeit meines Aufenthalts in Benin ein Zimmer gebucht hatte. Dort stieß auch Freds Freundin zu uns. So lange ich mich zurückerinnern konnte, waren die beiden ein Paar. Mittlerweile planten sie sogar ihre Hochzeit. Ich freute mich, als Fred mir die gute Nachricht mitteilte. Ich mochte seine Freundin sehr. Ich war sicher, dass sie auch eine glückliche Zukunft vor sich hatten. Wir genossen den frühen Abend im Hotelgarten und freuten uns, wie in alten Zeiten beisammenzusitzen.

Vom Flughafen aus hatte ich noch mit meiner Mutter telefoniert. Meine Großmutter war bei ihr und beide wollten mich unbedingt sehen. Also riefen wir gegen zwanzig Uhr ein Taxi und machten uns auf den Weg. Es war schon dunkel und wegen der spärlichen Straßenbeleuchtung konnte ich kaum etwas von der Umgebung erkennen. Trotzdem fiel mir auf, wie sehr sich alles verändert hatte, seit ich hier gelebt hatte. Vor allem im Straßenbau hatte sich viel getan, überall waren Ausbesserungsarbeiten im Gang.

Wir fuhren an der Stelle vorbei, an der ich mein Geschäft gehabt hatte, nachdem ich aus Lagos zurück nach Benin gekommen war. Es war eine kleine Boutique gewesen, die ich mir mit viel Mühe aus dem Nichts aufgebaut hatte. Zwei Jahre lang hatte ich hier gearbeitet, bevor ich mit meinem ersten Mann nach Österreich gegangen war. Von dem Gebäude war nur noch eine Ruine übrig.

Ich fragte Fred, was hier passiert war.

»Sie bauen die Straße aus und haben dafür die Häuser weggerissen«, sagte er.

»Schade.«

Ich dachte zurück an die Zeit, als ich hier mein Geld verdient hatte. An meine vielen Stammkunden und an meine

Freundinnen, die mich immer wieder besucht hatten, um mit mir zu plaudern.

Wir bogen von der Straße ab und erreichten bald das Haus meiner Großmutter. Sie war mittlerweile umgezogen und wohnte nicht mehr in der Baracke mit nur einem Zimmer, in dem Itohan und ich vor vielen Jahren gewohnt hatten. Ihr neues Haus war etwas größer und hatte drei Zimmer. Es war stockdunkel auf der Straße, als wir ankamen. Auf die nigerianische Stromzentrale war noch nie Verlass gewesen.

Meine Mutter und meine Großmutter begrüßten uns mit einem Willkommenskonzert. Sie sangen hauptsächlich christliche Lieder, die ich noch aus meiner Kindheit kannte. Dazu gab es eine kleine Performance im Wohnzimmer. Kerosinlampen brannten in jedem Raum und sorgten für eine angenehme Stimmung. Wir tanzten und sangen, machten Witze und erzählten einander Geschichten. Später zog sich meine Großmutter in ihre Küche zurück. Die Küche war ihr heiliger Ort, an dem sie immer die leckersten Gerichte zauberte. An diesem Abend kochte sie Stew mit Reis und »Ehen be wa rie« – getrocknetem, geräuchertem Fisch.

Erst als ich den ersten Bissen gegessen hatte, merkte ich, wie sehr ich den Geschmack all die Jahre vermisst hatte. In Österreich bekam man keinen guten »Ehen be wa rie«. Ich fühlte mich zu Hause.

8

Der nächste Morgen in Benin war warm und windstill. Wir hatten einen langen Drehtag geplant, der mit dem Besuch bei meinem Vater beginnen sollte. Ich beeilte mich mit dem Frühstück, damit wir sicher pünktlich losfahren konnten.

Natürlich kam der Taxifahrer zu spät, sodass ich während der ganzen Fahrt wie auf Nadeln saß. Mein Vater hasste Unpünktlichkeit und ich wollte ihn nicht durch eine unnötige Verspätung aufregen. Meine Brüder Fred und Richard und mein Onkel Kabat mit seinem Kamerateam waren bei mir.

Wir fuhren an meiner alten Grundschule, der »Word of Faith Primary School«, und kurz darauf an meinem Gymnasium vorbei. Hier hatte sich wenig verändert. Ich sah lachende Kinder in Schuluniformen über die Straße laufen. Es waren noch die gleichen Uniformen wie früher. Kurz bevor wir in die Central Road einbogen, die zum Haus meines Vaters führte, kam uns Nancy, seine zweite Frau, entgegen. Ich fragte mich, wohin sie so eilig wollte. Sie hielt das Lenkrad ihres Wagens verbissen mit beiden Händen fest und sauste mit hoher Geschwindigkeit an uns vorbei. Wahrscheinlich ist es gut, wenn sie bei unserem Interview nicht dabei ist, dachte ich. Mit der neuen Frau meines Vaters im Raum wäre wohl alles noch komplizierter geworden.

Das rote, einstöckige Haus sah noch beinahe aus wie früher. Alles war zwar schäbiger geworden, aber mein Vater hatte sich bemüht, den Kunststuck, der das Haus zierte, zu erhalten. Das rote, wackelige Tor war durch ein schwarzes, stabileres ersetzt worden, so als wollte mein Vater sich vor irgendetwas schützen. Die Palmen, die das Grundstück früher gesäumt hatten, waren verschwunden. Viel reicher war mein Vater offenbar nicht geworden, seit die sogenannten Hexen aus seinem Leben verschwunden waren.

Unser Taxifahrer parkte das Auto auf der gegenüberliegenden Straßenseite und schaltete den Motor ab. Wir hatten ausgemacht, dass er warten und uns anschließend wieder zurückfahren sollte. Wir stiegen aus und gingen die wenigen Meter zum Eingang. Ich klopfte.

»Yes? Was kann ich für euch tun?«

Ich hörte meinen Vater vom Balkon herunterrufen und sah nach oben. Sein Gesicht war ernst. Ein paar Falten waren dazugekommen, doch seine Haare waren immer noch tiefschwarz. Sein dunkelgrauer Anzug unterstrich seine steife Haltung. Meine Brüder und ich begrüßten ihn genau gleichzeitig. Mein Vater hatte uns jahrelang auf diesen Gruß gedrillt.

Er schritt einige Male auf dem Balkon auf und ab und überlegte anscheinend, ob er uns hereinlassen sollte.

»Kommt nach oben«, sagte er schließlich.

Onkel Kabat ging voran und wir folgten ihm ins Haus und über die Treppen in den ersten Stock. Mein Vater erwartete uns im Vorraum, wo er auf einem großen alten Lederstuhl saß. Wir blieben vor ihm stehen und warteten, bis er uns bedeutete, dass wir uns setzen durften. Er schaute mir fest in die Augen.

»Bist du sicher, dass ich dein Vater bin?«, fragte er.

Ich wusste nicht, was ich sagen sollte. Ich suchte nach einer diplomatischen Antwort.

»Das müsstest du doch wissen, Daddy. Ich bin deine älteste Tochter.«

»Wenn du meine Tochter wärst, hättest du mich nicht all die Jahre im Stich gelassen«, sagte er. »Gute Kinder kümmern sich um ihre Väter. Ich habe mich um euch gekümmert, als ihr klein wart, habe euch auf die besten Schulen geschickt. Nun kommst du aus Europa zurück und bringst nicht einmal Geschenke mit. Du kommst mit leeren Händen. Eigentlich solltest du Geld auf den Tisch legen.«

Ich konnte es nicht fassen. Meine Mutter hatte recht gehabt. Der Mann, dem ich gegenübersaß, hatte sich kein bisschen verändert. Seine Ignoranz und Dreistigkeit waren so unfassbar, dass ich fast lachen musste. Ich war so dumm gewesen, so naiv. Nun saß ich wie ein getretener Hund da, der um einen Knochen bettelte. Doch von all dem sagte ich nichts. Das Einzige, was ich herausbrachte, war eine halbherzige Verteidigung.

»Daddy, ich bin erst gestern angekommen und ich muss erst noch mein Gepäck holen ...«

»Ja, ja.« Er unterbrach mich ärgerlich. »Eine Menge Ausreden hast du. Was willst du?«

»Es ist schon lange her, seit wir uns zum letzten Mal gesehen haben, und das letzte Mal verlief nicht besonders gut ...«

»Wir sind jetzt erwachsen und die Vergangenheit ist die Vergangenheit. Lass sie ruhen. Ich könnte mich auch bei euch

Kindern beklagen, aber das wäre nutzlos. Nur dafür, dass du so lange fort warst und mich im Stich gelassen hast, musst du bestraft werden. Ich will eine Million Naira von dir.«

Eine Million Naira waren etwa fünftausend Euro. Die Summe überstieg alle Vorstellungen, die ich mir während unseres Telefonats vor ein paar Tagen gemacht hatte. Ich spürte wieder einen Lachkrampf in mir aufsteigen. Es war unfassbar. Alle sahen meinen Vater und mich mit großen Augen an, doch keiner wagte, etwas zu sagen.

»Ja. Schmerzensgeld«, sagte mein Vater. »Dieser Mann ...« Er zeigte auf Fred, seinen ältesten Sohn. »Und dieser dort ...« Er meinte Richard. »Sie alle haben mich im Stich gelassen. Wenn ich nicht neue Kinder von meiner zweiten Frau hätte, wer würde sich dann um mich kümmern? Wer würde mein Auto waschen? Wer würde den Rasen mähen? Wer würde mich Daddy nennen?« Er stand auf. »Ich muss jetzt zur Arbeit. Komm am Abend wieder mit dem Geld und dem Filmteam. Ich habe eine Menge zu erzählen.«

Damit war das Gespräch beendet.

Auf der Rückfahrt im Auto sagte keiner ein Wort. Ich starrte aus dem Fenster, ohne etwas zu sehen. Was war da eben vorgefallen? Was würde heute Abend geschehen? Ich fragte mich, ob ich die Situation noch retten konnte. Es würde meine letzte Chance sein, mit diesem Mann, der mein Vater war, Frieden zu schließen. Ich musste sie nutzen.

Mein Telefon läutete ständig. Zuerst meine Großmutter, dann meine Mutter und schließlich meine Schwester. Sie alle wollten wissen, was passiert war. Ich erzählte den groben Ablauf dreimal hintereinander, doch verstehen konnte ich ihn immer noch nicht. Als meine Schwester erfuhr, dass uns unser Vater nicht sofort vor die Tür gesetzt hatte, bot sie an, am

Abend mitzukommen. Alle vier Kinder würden dann gemeinsam vor seinem Haus stehen.

Pünktlich um fünf Uhr klopfte ich wieder an der Tür meines Vaters. Hinter mir standen meine drei Geschwister, mein Onkel und das Filmteam. Alle waren angespannt. Eine Bewegung zog meine Aufmerksamkeit nach oben zum Balkon. Dort saß ein kleines Kind reglos auf einem Hocker und schaute mit großen Augen zu uns herunter. Das muss eines seiner »neuen« Kinder sein, dachte ich und wusste sofort, was das bedeutete.

Als meine Geschwister und ich noch klein gewesen waren, war es unsere Aufgabe gewesen, dort am Balkon zu sitzen, wann immer Daddy jemanden erwartet hatte, mit dem er Streit gehabt hatte.

Er selbst lag wahrscheinlich gerade in seinem Bett und ging die Dramaturgie des Theaterstücks durch, das er sich überlegt hatte, bis das Kind ihn holte. Dann würde er aufstehen, ins Badezimmer gehen, sich zurechtmachen und hoch erhobenen Hauptes auf den Balkon schreiten. So wie früher.

Ich behielt recht. Es dauerte nicht lange, bis mein Vater den Balkon betrat. Er kam langsam heraus, als hätte er alle Zeit der Welt, und musterte jeden Einzelnen von uns genau. Von unten sah er noch mächtiger aus als sonst. Dann stützte er sich auf das Geländer und hielt seine vorbereitete Rede.

»Ja?«, fragte er. »Was kann ich für euch tun?«

Die Kameraleute sahen mich verwundert an.

»Wir waren für heute Abend verabredet, Daddy, erinnerst du dich? Das ist das Filmteam.«

»Wer ist das? Kenne ich diese Person?«, fragte er und zeigte auf meine Schwester.

»Das ist deine Tochter Itohan«, antwortete Richard für sie.

In diesem Moment begriff ich, was sich hier abspielte. Es war das gleiche Stück, das wir schon dreizehn Jahre zuvor an der gleichen Stelle aufgeführt hatten. Nur, dass diesmal ich selbst es inszeniert hatte. Ich hatte auf eine Versöhnung gehofft. Auf Antworten, auf eine Erklärung. Doch stattdessen sollte ich einen Monolog voller Beschimpfungen und Demütigungen bekommen.

»Das ist nicht meine Tochter, das ist ein Bastard!«, schrie mein Vater. »Ihr alle seid schlecht! Schlechte Kinder. Ich hasse euch und will nichts mit euch zu tun haben! Ihr seid hier nicht willkommen, was wollt ihr noch?«

Er schimpfte weiter von seinem Balkon herunter und griff dabei jeden von uns persönlich an. Meine Brüder bezeichnete er als Idioten, meine Schwester nannte er verdorben, mich nutzlos und eine geschiedene Hure. Mein Herz raste vor Wut und Angst. Ich konnte nichts sagen, mich nicht wehren, nicht einmal weinen.

Schließlich schritt mein Onkel Kabat ein.

»Das hier sind deine Kinder, Mann. Egal, was sie getan haben, es ist Zeit, ihnen zu vergeben. Vergib ihnen und lass uns hineingehen, um zu reden.«

Ich glaubte, mich verhört zu haben. Uns vergeben? Was denn? Wir hatten nichts Falsches getan. Mein Vater war es, der uns um Vergebung bitten sollte. In diesem Moment konnte ich nicht mehr still sein. Ich hatte meine Brüder und meine Schwester in die Sache hineingezogen, und nun standen sie alle da und waren gezwungen, sich diesen Wahnsinn anzuhören, den gleichen Albtraum durchzumachen wie in ihrer Jugend. Ich musste die Sache beenden, bevor es zu spät war.

»Nein, Daddy! Genau das Gleiche hast du vor dreizehn Jahren mit uns gemacht, hast uns hinausgeworfen und gedemütigt. Ich war dumm genug zu glauben, du hättest dich geändert. Ich habe mich geirrt. Noch einmal lasse ich mir das nicht gefallen.« Ich drehte mich zu meinen Geschwistern um. »Lasst ihn schreien in seinem Wahnsinn. Wir werden nicht zu Marionetten in seinem Drama. Wir gehen, alle.«

Damit hatte mein Vater nicht gerechnet. Seine kühle Wut verwandelte sich in Raserei.

»Du Bastard! Gott verfluche dich! Ich bringe dich um!«, schrie er.

Er rannte vom Balkon in seine Wohnung. Ich zweifelte nicht daran, dass er gleich auf den Hof kommen und seiner Drohung Nachdruck verleihen würde.

»Gehen wir, na los!«, rief ich.

Ich versuchte, die anderen zur Straße zu lotsen. Nur weg von hier. Doch keiner bewegte sich. Alle standen wie angewurzelt da und starrten mit offenem Mund auf die Tür, hinter der das Poltern und Schimpfen meines Vaters immer lauter wurde. Schon war er da. Alle wichen zurück, als er sich ein langes Stück Holz schnappte.

»Ich schlag dich zusammen!«, schrie er.

Mein Onkel stellte sich vor mich und versuchte, ihm das Holz aus der Hand zu reißen.

»Lass mich! Ich muss sie umbringen!«, schrie mein Vater.

»Gehen wir!«, rief ich wieder und wieder.

Mein Vater ließ das Holz fallen und nahm stattdessen einen Stein. Er war groß und fast zu schwer für ihn, doch das hielt ihn nicht davon ab, ihn nach uns zu werfen. Der Stein landete nur wenige Meter vor meinen Füßen auf der trockenen Erde. Immer noch standen alle wie hypnotisiert auf dem Hof. Fassungslos beobachteten sie meinen Vater, sahen zwischen ihm und dem riesigen Stein hin und her. Sie erwachten nur langsam aus ihrer Trance und liefen einer nach dem anderen durch das Tor auf die Straße, hinüber zu unserem Wagen. Mein Onkel blieb als Letzter zurück. Er versuchte immer noch, meinen Vater zu beruhigen oder ihn wenigstens aufzuhalten. Das Filmteam sah entsetzt zwischen mir und meinem Vater hin und her. Mittlerweile hatten sich auch die Nachbarn in ihren Gärten versammelt und beobachteten gespannt das Geschehen. Sogar ein Straßenverkäufer machte halt und gesellte sich zu uns.

»Hexen!«, schrie mein Vater. »Genau wie eure Mutter! Ihr seid Hexen!«

Ich hatte genug. Ich stieg in das Taxi und die anderen taten es mir gleich. Als der Fahrer den Motor startete, kam auch mein Onkel Kabat nach und sprang in den Wagen. Wir fuhren los, während mein Vater auf dem Hof schrie und wütete. Eine Träne lief mir langsam über die Wange.

9

Nach einer halben Stunde Fahrt kamen wir beim Hotel an. Ich zog meine Kleider aus und stieg in die Dusche. Das Wasser rieselte lauwarm auf mich herunter und mischte sich mit heißen Tränen. Ich war neunundzwanzig Jahre alt. Eine erwachsene Frau, Ehefrau und Mutter. Doch in diesem Moment war ich wieder das sechzehnjährige Mädchen, das von seinem Vater verstoßen worden war, hilflos und ohnmächtig. Ich schluchzte unter der Dusche, bis meine Augen rot waren und meine Haut ganz aufgeweicht und verschrumpelt.

Als ich wieder aus der Kabine stieg, fühlte ich mich etwas besser. Befreiter. Ich trocknete mich ab und streifte mir eine bequeme Hose und ein dunkles Oberteil über. Normalerweise ziehe ich mich gerne bunt und fröhlich an, doch heute passten strahlende Farben nicht zu meiner Stimmung.

Kurze Zeit später klopfte es an der Tür und Onkel Kabat kam mit meinen drei Geschwistern herein. Wir setzten uns auf das Sofa und sahen einander an.

»Wie geht es dir nach dieser Aufregung?«, fragte Onkel Kabat.

Wie sollte es mir schon gehen?

»Enttäuscht bin ich, verletzt und wütend«, sagte ich.

Kabat nickte stumm.

Keiner sagte etwas. Alle sahen unbehaglich auf den Boden oder an die Wand, bis Fred einen Mundwinkel nach oben zog.

Dann lächelte auch Itohan und schließlich saßen wir alle da und lächelten.

Die Situation war nicht zum Lachen, doch es tat gut, trotzdem gemeinsam fröhlich zu sein.

»Hatten wir wirklich etwas anderes erwartet?«, fragte Itohan.

»Nein, wahrscheinlich nicht«, sagte Fred.

»Unser Leben geht auch ohne ihn weiter«, meinte Richard und legte mir aufmunternd eine Hand auf die Schulter. »Lass dich von ihm nicht fertigmachen.«

»Trotzdem tut es weh«, sagte Itohan.

»Ja«, sagte ich leise. Es tat sehr weh.

Wir sprachen noch eine Weile über das Geschehene, doch wir hatten bald genug davon. Wir mussten damit zurechtkommen, dass unser Vater sich kein bisschen geändert hatte. Stundenlang darüber zu reden, würde nichts nützen. Vor allem da wir alle noch immer nicht verstanden, was in ihm eigentlich vorging.

Als ich wieder allein war, setzte ich mich auf mein Bett und nahm die dicke Mappe mit den Reise- und Drehplänen zur Hand, die auf dem Nachttisch gelegen hatte. Ich blätterte durch die Unterlagen.

Bis jetzt hatte ich den Film und die Reise nach Nigeria als eine Gelegenheit gesehen, endlich Antworten von meinem

Vater zu bekommen und damit meine eigene Vergangenheit besser zu verstehen. Ich hatte gedacht, wenn ich endlich verstand, was mit meiner Familie geschehen war, würde ich den Hexenwahn generell besser verstehen. Dann würde ich auch anderen Betroffenen helfen können.

Nun erkannte ich, dass es genau umgekehrt war. Ich musste das Phänomen des Hexenwahns verstehen, seinen Ursprung, die Hintergründe. Ich musste herausfinden, was in Menschen vorging, die ihre eigenen Familienmitglieder beschuldigten, Hexen zu sein. Vielleicht hatte ich dann eine Chance, auch meinen Vater besser zu verstehen.

Ich legte die Papiere in meinen Schoß, lehnte den Kopf an die Wand und schloss die Augen. Noch war nicht alles verloren. Ich hatte immer noch eine Chance, mit meiner Vergangenheit fertigzuwerden. Ich fühlte, wie mich neue Kraft durchflutete. Ich war voller Tatendrang.

Es war zu spät, um an diesem Tag noch irgendetwas zu unternehmen. Ich beschloss, mich in die verschiedenen Berichte zu vertiefen, die ich während der Recherche für den Film gesammelt hatte.

Ich nahm einen dünnen grauen Folder zur Hand, auf dem in großen Buchstaben »CRARN« geschrieben stand. Er enthielt einen ausführlichen Bericht des Child's Right and Rehabilitation Network, das im Bundesland Akwa Ibom in der Stadt Eket zu Hause war. Es war das Kinderheim, das wir als Erstes besuchen wollten.

Die Hilfsorganisation finanzierte sich durch Spenden und war 2003 von einem Mann namens Sam Itauma gegründet worden. Im Namen des Filmteams hatte ich Sam bereits vor Monaten angerufen und ihm angekündigt, dass wir ihn im November besuchen würden.

Er hatte sich darüber gefreut, schließlich konnte seine Organisation jede Art von Aufmerksamkeit gebrauchen. Auf meine Frage hin, hatte er mir bereitwillig erzählt, wie es zu der Gründung von CRARN gekommen war.

Angefangen hatte alles mit einem Besuch auf dem Markt in Eket. Sam war dort, um Lebensmittel einzukaufen, als ihm einige Kinder auffielen, die zwischen den Ständen herumgingen und bettelten.

Er fragte einen der Händler, was es mit den Kindern auf sich hatte, und der Händler sagte ihm, die Kinder hätten kein Zuhause. Sie kämen immer wieder dorthin, um etwas Essen oder Geld zu erbetteln. Sam fragte sich, ob die Kinder Waisen waren. Warum sollten sie sonst auf der Straße leben und um Essen betteln?

Am 12. Juni 2003, einige Wochen nachdem Sam die Kinder zum ersten Mal aufgefallen waren, war er wieder auf dem Markt. Sobald er sich den Ständen näherte, bemerkte er, dass etwas nicht stimmte.

Er hörte laute Schreie. Eine große Gruppe Menschen hatte sich versammelt und alle waren in Aufruhr. Als Sam näher kam, entdeckte er die Kinder.

Männer wie auch Frauen schlugen auf sie ein. Ein Schlag nach dem anderen landete auf ihren Rücken, Armen und Köpfen. Erwachsene standen herum und schauten zu, wie die Kinder brutal misshandelt wurden. Viele feuerten die Schläger sogar an.

»Hexen!«, riefen sie. »Böse Kinder! Schlagt die Hexenkräfte aus ihnen heraus!«

Sam rannte auf die Gruppe zu. Er dachte, dass die Kinder wahrscheinlich etwas gestohlen hatten. Es war nicht ungewöhnlich, Diebstahl mit einer Tracht Prügel zu bestrafen.

»Aufhören!«, schrie Sam, so laut er konnte. Er drängte sich durch die Menge, stieß Männer und Frauen beiseite. »Hört endlich auf!«

»Das sind Hexen«, rief eine der Marktfrauen, die sogar ihren Stand verlassen hatte, um näher am Geschehen zu sein. »Die Hexen sind schuld an unserem schlechten Geschäft, an unserem Misserfolg. Wir haben versucht, sie zu vertreiben, doch sie kommen immer wieder. Nur so können wir sie loswerden.«

Als Sam diese Begründung hörte, wurde er erst recht wütend. Er schrie noch einmal, sie sollten aufhören, die Kinder zu schlagen, doch die Schläger beachteten ihn nicht. Er versuchte es mit Vernunft, doch sie ignorierten ihn. Schließlich drohte er ihnen.

»Ich werde euch alle anzeigen! Wenn diesen Kindern etwas passiert, mache ich euch alle persönlich dafür verantwortlich!«, schrie er.

Das wirkte. Keiner wollte sich wegen der Kinder Ärger mit der Polizei einhandeln. Einer nach dem anderen ließ von den Kindern ab und ging zurück zu seinem Stand.

Sam nahm die verängstigten, weinenden Kinder mit nach Hause. Er gab ihnen etwas zu trinken und versuchte, sie zu trösten.

Da er sie nicht zurück auf die Straße schicken wollte, wo sie früher oder später wahrscheinlich wieder in einer ähnlichen Situation landen würden, ließ er sie bei seiner Familie.

Sam musste wenig später nach Calabar, einer Hafenstadt etwa sechsundfünfzig Kilometer entfernt von Eket. Während seiner Abwesenheit kam es wieder zu ähnlichen Szenen wie der, die er auf dem Markt beobachtet hatte. Immer wieder wurden Straßenkinder angegriffen, verprügelt und von einem wütenden Mob verjagt.

Da sich Sams Rettungsaktion mittlerweile herumgesprochen hatte, schickten die Menschen immer mehr Kinder zu seiner Familie.

Nachdem er wieder zurück war, nahmen sie noch weitere Kinder auf, sodass ihr Haus mit der Zeit zu klein wurde, um alle vernünftig unterzubringen. Die Kinder brauchten auch nicht nur einen Schlafplatz und ein Dach über dem Kopf. Sie waren verwahrlost, hungrig und viele waren krank.

Sam suchte den Bezirksrat auf und bat ihn um Unterstützung. Der Bezirksrat half Sam, die Kinder zu einem Gesundheitszentrum zu bringen, doch als sie dort ankamen, stießen sie auf verschlossene Türen.

Keiner der Ärzte wollte die Kinder aufnehmen oder behandeln, nicht einmal die Krankenschwestern hatten Mitleid. Sie alle hatten Angst. Angst vor den Hexenkindern und ihren bösen Kräften. Die Kinder würden den anderen Patienten womöglich Schaden zufügen, sagten sie. Das wollten sie nicht riskieren.

Nach diesen Erlebnissen hatte Sam die Organisation CRARN ins Leben gerufen und ein Heim für die Kinder geschaffen, die in Akwa Ibom als Hexen stigmatisiert wurden. Er hatte Hilfskräfte und Lehrer engagiert, die sich um die Kinder kümmerten und sie unterrichteten. Bungalows wurden gebaut, um die stetig wachsende Zahl der Schutzsuchenden unterbringen zu können. Mittlerweile wohnten in dem Heim ständig zwischen ein- und zweihundert Kinder. Laut dem Jahresbericht der Organisation, der sich in dem grauen Folder befand, waren allein im Jahr 2009 siebenundachtzig neue Kinder aufgenommen worden.

Das hörte sich viel an, doch ein anderer Bericht, der mir vorlag, zeigte, dass das bei Weitem nicht ausreichte.

»Fünfundneunzig Prozent aller Straßenkinder in Akwa Ibom sind obdachlos, weil sie als Hexen stigmatisiert und von ihren Familien ausgestoßen wurden«, hieß es darin. »Insgesamt sind etwa fünfzehntausend Minderjährige betroffen.«

Fünfzehntausend Kinder, allein in Akwa Ibom. Das war eine unfassbare Zahl.

Es war noch nicht zu spät, um bei Sam anzurufen. Ich wählte seine Nummer. Er erinnerte sich sofort an mich, als ich meinen Namen nannte.

»Hallo Joana, bist du schon in Nigeria?«, fragte er. Er klang nicht so erfreut, wie ich erwartet hatte.

»Ja, ich bin vor Kurzem angekommen. Ich wollte fragen, ob ich morgen wie besprochen mit dem Filmteam vorbeikommen kann.«

»Ich fürchte, das wird nicht möglich sein«, unterbrach Sam mich, mit einer Mischung aus Trauer und Zorn in der Stimme. »Die Regierung hat ein Einreiseverbot für alle Journalisten und Filmteams verhängt.«

Verwirrt fragte ich, was der Auslöser dafür gewesen war.

»Der Englische Sender Channel 4 hat vor Kurzem eine Dokumentation über die Hexenverfolgung hier in Akwa Ibom ausgestrahlt und dabei auch Material über CRARN gezeigt. Seitdem hatten wir hier nur noch Schwierigkeiten. Die Regierung sagt, wir würden dem Ruf Nigerias schaden. Deshalb dürfen wir nicht mit ausländischen Reportern sprechen. Alles, was hier im Land ausgestrahlt wird, wird ohnehin zensiert«, sagte Sam.

Ich war fassungslos. Vor allem die Überlegungen der Regierung machten mich wütend. Den Ruf des Landes zerstören? Dafür brauchte es keine Reportagen über die Hexenverfolgung.

Für den Teil Nigerias, in dem das CRARN-Kinderheim lag, bestand ohnehin eine andauernde Reisewarnung. Schuld daran waren die Bombenanschläge, die häufigen Entführungen von Touristen und die generell sehr hohe Kriminalitätsrate im Land.

»Vor Reisen wird aufgrund ständig neu aufflammender Unruhen und Gewalttaten gewarnt«, hieß es auf der Homepage des Österreichischen Außenministeriums.

»Joana, du solltest auf keinen Fall versuchen, hierherzukommen. Es ist viel zu gefährlich. Vor ein paar Tagen wurden wir sogar überfallen.«

»Überfallen? Was ist passiert?«, fragte ich erschrocken.

»Ein paar Männer kamen zu uns ins Dorf. Sie sagten, sie seien Spender und hier, um Sachspenden für die Kinder zu bringen. Doch als wir sie hereingelassen hatten, stellte sich heraus, dass es Polizisten aus Lagos waren. Einen Anwalt hatten sie auch dabei. Sie sprachen die verschiedensten Drohungen aus, verhafteten eine unserer Mitarbeiterinnen und nahmen sie einfach mit auf die Polizeistation. Es war schrecklich.«

Einen Moment lang brachte ich kein Wort heraus. Sam hatte mir bereits erzählt, dass das Heim Schwierigkeiten hatte, vor allem finanzielle. Dass es so schlimm war, hätte ich aber nicht für möglich gehalten. An einen Besuch mit dem Filmteam war nicht zu denken.

Wir hatten aber extra Spielsachen, Schulhefte und andere nützliche Dinge mitgebracht, die wir den Kindern geben wollten. Zumindest diese Sachen wollte ich ihnen irgendwie zukommen lassen.

Ich fragte Sam, wie wir das machen könnten.

»Ich fliege nach Lagos und dann weiter nach Ghana. Könnten wir uns vielleicht dort treffen?«

Sam sagte, er würde versuchen, nach Ghana zu kommen. Auch er fand, dass die Spielsachen eine kleine Reise wert waren. Die Kinder konnten jede Hilfe und Aufmunterung gebrauchen.

10

Am nächsten Morgen erwachte ich früh aus einem kurzen Schlaf voller Albträume. Ich war bis lange nach Mitternacht wach gewesen und fühlte mich erschöpft. Doch weiterschlafen wollte ich nicht. In meinen Träumen hatte ich immer wieder die Szene gesehen, die sich vor dem Haus meines Vaters abgespielt hatte. Die Ereignisse mischten sich mit denen, die vor dreizehn Jahren am gleichen Ort stattgefunden hatten, zu einem verwirrenden Drama, vor dem ich nicht davonlaufen konnte. Mein Nachthemd war klatschnass, mein Herz pochte. Liegen bleiben konnte ich auf keinen Fall. Ich rieb mir den Schlaf aus den Augen, stand auf und ging zum Fenster. Die Sonne schien bereits hell und strahlte durch die Vorhänge.

Es war kurz nach sieben, als mein Telefon läutete. Ich war gerade aus der Dusche gestiegen und beeilte mich, um den Anruf nicht zu verpassen.

»Hallo Adesuwa«, sagte eine tiefe männliche Stimme. Für einen Moment glaubte ich, es wäre mein Vater. Ich stand da, den Hörer an mein Ohr gepresst, und brachte kein Wort heraus.

»Hallo? Adesuwa? Ich bin es, Kabat.« Es war mein Onkel, nicht mein Vater.

»Hallo Onkel, ja, ich bin dran. Was gibt es denn?«, fragte ich und setzte mich auf das Bett, um meine zitternden Beine zu kontrollieren.

»Du erinnerst dich doch an meinen Freund Israel, oder? Er hat uns ein Treffen mit einem Juju-Priester in der Stadt organisiert. Wir können gleich zu ihm fahren, wenn du willst.«

»Das ist toll, Onkel«, sagte ich. »Wir können ohnehin nicht nach Akwa Ibom. Ich habe gestern mit Sam Itauma gesprochen, und er sagte, es wäre keine gute Idee mit dem Filmteam zu kommen.«

Kabat schnaufte. Es klang, als hätte er mit so etwas schon gerechnet.

»Wird der Priester uns auch filmen lassen?«, fragte ich.

»Ja. Israel meinte, das wäre kein Problem. Der Priester steht gerne im Mittelpunkt.«

Das überraschte mich nicht. Beinahe alle nigerianischen Männer waren Selbstdarsteller. Priester bildeten da keine Ausnahme.

Der Priester lebte wie die meisten Juju-Priester am Stadtrand von Benin City. Warum das so üblich war, wusste ich nicht. Israel, der Freund meines Onkels, begleitete uns. Nach etwa einer halben Stunde Fahrt zeigte er auf ein großes Grundstück auf der rechten Straßenseite.

»Das ist es«, sagte er.

Der Hof war von einer schulterhohen Betonmauer umgeben. In der Mitte befand sich ein halb geöffnetes schwarzes

Tor. Israel ging hinein, um uns anzumelden. Ich musste mit den anderen draußen warten, bis wir offiziell hereingebeten wurden. Es dauerte etwa zehn Minuten, bis Israel wieder erschien und uns das Zeichen gab, dass wir eintreten durften.

Ein gepflegter kleiner Bungalow stand auf der linken Seite des Hofes. Der Boden war komplett mit dem typisch nigerianischen roten Sand bedeckt. Auf der rechten Seite befand sich ein kleiner Garten. Das intensive Grün der Pflanzen bildete einen starken Kontrast zum Boden. Ich trat näher, um sie mir anzusehen. Als ich nur noch zwei Meter entfernt war, schlug mir furchtbarer Verwesungsgeruch entgegen. Unter den Blättern lagen Eier, offen und verfault. Ein Schildkrötenpanzer. Ein totes Huhn. Klebriges, schwarzes Blut überall.

»Die Reste von einem Ritual«, erklärte Onkel Kabat, der mir gefolgt war.

Dutzende Schalen aus Lehm lagen ebenfalls auf der Erde. Darin befanden sich verschiedene Pulver und Flüssigkeiten. In einer entdeckte ich Zähne und Krallen von Tieren. Mir schauderte.

Gleich hinter dem Garten stand ein aus Betonblöcken konstruiertes Gebäude. An der Außenwand steckte ein eingemauertes Stück Eisen, an dem weiße und rote Tücher wehten. Ich lugte durch das Gitter über dem eisernen Tor, das den Eingang zu dem Gebäude verschloss. Töpfe, Muscheln und weitere Tücher waren darin auf Regalen gestapelt. Auch hier stank es entsetzlich.

»Das ist der Schrein des Priesters«, sagte Kabat. »Hier leben seine Götter.«

Das hatte ich mir bereits gedacht. Kein Mensch würde freiwillig in diesem Gestank leben wollen. Den Göttern war es anscheinend egal.

Schließlich erschien der Priester. Er war Ende Fünfzig. Eine Frau folgte ihm. Sie war älter als er und trug ein Kleid aus bunten Stoffen im traditionell nigerianischen Stil und ein dazu passendes Kopftuch. Der Priester begrüßte uns freundlich und setzte sich auf eine der Holzbänke, die direkt vor dem Schrein standen. Israel und ich nahmen ihm gegenüber auf der anderen Bank Platz. Die Frau ließ sich etwas abseits von uns nieder und beobachtete uns skeptisch.

Kabat und ich erklärten dem Priester noch einmal, warum wir hier waren und warum wir ihn filmen wollten. Er nickte eifrig und stolz. Als das Kamerateam alles aufgebaut hatte, fragte ich den Priester vor laufender Kamera, was es mit der Hexenverfolgung im Juju-Glauben auf sich hatte.

Er lächelte mich an und überlegte eine Weile, bevor er antwortete.

»Früher, als die Welt noch in Ordnung war, gab es keine Gewalt in Verbindung mit unserer Religion«, sagte er. »Damals, als wir noch stark waren und die Kraft des Juju und seiner Götter geachtet wurde, gab es noch Gerechtigkeit.«

Ich fragte mich, ob es wirklich so ein »Damals« gegeben hatte. War es wirklich eine Zeit ohne Gewalt gewesen oder hatten die Menschen Gewalt nur anders definiert?

»Warum hat sich das geändert?«, fragte ich.

»Früher war uns hauptsächlich die Heilung mit Kräutern wichtig. Es ging uns um Geborgenheit und Zusammengehörigkeit. Um Frieden, Freude und Trauer, um das ganze menschliche Zusammenleben und um Gerechtigkeit.« Der Priester holte eine Metallkette aus seiner Hosentasche. »Schau, mit Hilfe dieser Kette kann ich alles sehen und verstehen. Verstehst du?«

»Ich fürchte nein. Kannst du mir das erklären?«, fragte ich.

»Wie schon gesagt, im Juju geht es nicht darum, Böses zu tun, sondern um Feste und um Dankbarkeit. Es sind diese neuen Pfingstpastoren, die aus dem Juju ein Verbrechen machen. Sie meinen, Juju käme vom Teufel. Doch das stimmt nicht! Wir hatten diese Tradition und diesen Glauben schon lange bevor die Oyibos, die Weißen, zu uns kamen. Sie brachten ihren Jesus mit und verbreiteten ihren eigenen Glauben in Nigeria. Sie verurteilten unseren alten Glauben als teuflisch. Dieser Schrein hier hat magische Kräfte. Er weiß alles. Wir können ihn nicht belügen. Wenn Menschen Probleme haben, sei es eine Krankheit, Misserfolge in der Arbeit oder ein spirituelles Problem, dann kommen sie zu mir, zu meinem Schrein. Sie bitten mich, herauszufinden, woher ihre Probleme kommen.«

Er zeigte auf einen Tontopf mit trockener Erde, der neben dem Schrein stand. Darin steckten zahlreiche Eisenstangen. Manche waren zu einem Halbkreis gebogen, andere waren gerade. Ein rotes Tuch hing von der Spitze einer der Stangen, auf einigen klebte getrocknetes Blut.

»Das ist der Gott des Eisens«, sagte der Priester. »Er weiß, warum schlechte Dinge passieren. Er weiß, wer für diese Dinge verantwortlich ist und wie man denjenigen stoppen kann. Ich bin lediglich ein Instrument der Götter. Der Gott sagt mir, wie ein Unheil beseitigt werden kann, und ich gebe die Informationen an die Betroffenen weiter. Es gibt hier also keine Gewalt. Niemand wird gefoltert oder zu etwas gezwungen, das er nicht will.«

Ich war überrascht. Ich glaubte zwar nicht, dass sich wirklich ein Gott in dem Tontopf befand, doch ansonsten hörte sich alles recht normal an. Gesittet. Ungefährlich. Die Frage war nur, was geschah, wenn der Schuldige für ein Problem einmal gefunden worden war. Ich fragte den Priester danach.

»Wenn jemand aus der eigenen Familie oder ein Bekannter an einem Problem schuld ist, dann muss derjenige hierherkommen. Dann frage ich die Götter, was ich tun soll, und sie geben mir Anweisungen. Schau!«

Er zeigte auf die Pflanzen in dem kleinen Garten. Ich hatte schon vermutet, dass auch sie nicht nur zur Zierde da waren.

»Alles, was du dort siehst, ist sehr wichtig. Jedes Blatt, jeder Stängel. Ich mache daraus Heilmittel. Die Rezepte werden mir von den Göttern gesagt. Damit wird der Besessene geheilt und seine bösen Kräfte werden neutralisiert.«

Menschen mit bösen Kräften. Genau das war es, was mein Vater auch mir vorgeworfen hatte. Also hatte nicht er sich das ausgedacht, es kam direkt von den Priestern.

»Was sind eigentlich böse Kräfte? Von was genau sprechen wir hier?«, fragte ich.

Ich war erstaunt über meine kühle, neutrale Stimme. In mir brodelten die Gefühle, persönliche Erinnerungen und tausende Gedanken schossen mir durch den Kopf, doch nach außen blieb ich ruhig und distanziert, so als würde mich das alles nichts angehen.

So war es besser. Hätte der Priester gewusst, dass ich selbst beschuldigt war, böse Kräfte zu haben, wäre er wahrscheinlich nicht mehr so gesprächsbereit gewesen. Also zeigte ich mich interessiert, aber ruhig.

»Es gibt Menschen, die voller Eifersucht sind«, sagte der Priester. »Sie wollen nicht, dass andere besser sind als sie selbst, und wenn es doch so jemanden gibt, dann werden sie wütend. Sie hassen und verfluchen diese Person. Sie wünschen ihr Böses und dieses Böse passiert auch.«

Das war eine sehr allgemeine und vage Antwort, fand ich. Eifersucht? Böse Gedanken? Flüche? War das alles?

»Wenn die schuldige Person sich den Ritualen nicht unterzieht und damit keine Heilung zulässt, dann ist sie wirklich von Hexen besessen oder sie ist selbst eine Hexe.«

»Wie erkennt man, ob jemand böse Kräfte hat?«, fragte ich.

»Wir Priester sind von den Göttern auserwählt. Nicht wir selbst entscheiden, Priester zu werden. Die Götter haben uns eine Gabe mitgegeben. Wir erkennen solche Kräfte einfach, wenn wir sie sehen.« Der Mann bemerkte wohl meinen skeptischen Gesichtsausdruck, denn er sprach gleich weiter. »Schau, wenn eine Frau schön ist, aber sie findet trotzdem keinen Mann, was ist der Grund? Eine Frau heiratet, aber wird jahrelang nicht schwanger, was ist der Grund?«, fragte er.

Die Antwort, die er auf diese Fragen hören wollte, war eindeutig: »Böse Kräfte«. Dass all diese Dinge auch ganz andere, oftmals medizinische Gründe haben könnten, konnte er sich offenbar nicht vorstellen. Er stand mit seinen Ansichten nicht allein da. Wie viele Menschen darunter leiden konnten, wenn eine Frau nicht schwanger wurde, wusste ich aus eigener Erfahrung.

11

Frühjahr 1998

Nachdem mein Vater meine Mutter aus dem Haus gejagt hatte, heiratete er Nancy. Sie war jung und hübsch. Sie zog zu meinem Vater und gemeinsam wollten sie eine neue Familie aufbauen.

Itohan und ich lebten damals bei unserer Großmutter. Wir verstanden noch immer nicht, was mit unserem Vater los war, und wir hofften ständig, dass er zur Besinnung kommen und uns zurückholen würde.

Eines Tages, etwa sechs Monate nachdem er uns davongejagt hatte, geschah das tatsächlich. Daddy lud uns zu sich nach Hause ein.

Es gab keine Entschuldigung oder Erklärung für das Vorgefallene, doch Itohan und mir war das egal. Wir glaubten, unser Vater hätte sich geändert. Wir glaubten, er wollte seine beiden Mädchen zurückhaben.

Etwas mehr als eine Woche lebten wir bei ihm und seiner neuen Frau. Nancy kochte für uns, wir spielten mit unseren Brüdern und es geschah nichts Dramatisches.

Eines Morgens kamen Itohan und ich die Treppe hinunter und hörten Daddy mit Nancy in der Küche streiten. Ihre Stimmen waren hinter der geschlossenen Tür nur dumpf zu erkennen.

Wir lauschten und ich hörte meinen Namen mehrere Male. Da öffnete sich die Tür und mein Vater stürzte wütend aus dem Raum. Nancy rannte weinend hinter ihm her. Ich lief zu Nancy, um sie zu trösten, doch als ich meine Hand auf ihren Arm legte, stieß sie mich weg. Ich erschrak.

»Tante, was ist denn?«, fragte ich.

»Du trägst die Verantwortung!«, schrie sie mich an und mein Vater schrie mit ihr: »Lass sie in Ruhe!«

»Sie muss weg«, rief Nancy unter Tränen und zeigte mit dem Finger auf mich. In diesem Moment kam die Cousine meines Vaters, Tante Clara. In solchen Situationen war sie immer zur Stelle, fast so, als könnte sie den Ärger aus unserem Haus bis in ihr eigenes Apartment riechen. Sie legte Nancy den Arm um die Schulter und tröstete sie mütterlich, doch Nancy ließ sich nicht beruhigen.

»Geht nach oben und zieht euch an!«, befahl sie Itohan und mir. »Wir gehen in die Kirche.«

Unsere Kirche lag außerhalb von Benins Zentrum. Sie war eines von vielen Gotteshäusern der Pfingstbewegung in dieser Gegend, ein einstöckiges Bauwerk mit Wänden aus braun gestrichenem Beton. Davor stand eine riesige Skulptur aus Bronze, die eine Frau mit Zwillingen im Arm zeigte. »Das Ziel rechtfertigt die Mittel«, war auf ihrer rechten Seite eingraviert, eine häufige Inschrift in Nigeria.

Wir stiegen die breite Treppe im Inneren der Kirche hinauf und traten in die kleine Halle, die vor dem Altarraum lag. Eine dicke Frau in weißem Gewand kam herein und starrte Itohan und mich stumm an.

Es war kühl in der Kirche, doch es war nicht die Kälte, die mich zittern ließ. Die Frau wurde Mama Ego genannt, sie war die Pastorin der Kirche. Sie bedeutete Nancy, ihr in den Altarraum zu folgen, wo sie beten konnte.

Wir warteten still in der Halle, bis wir gerufen wurden. Ich sah Itohan an. Sie zitterte ebenfalls. Wir wussten nicht, was passiert war. Warum wir hier waren.

Wir hatten nichts getan.

Verzweifelte Schreie. Wir zuckten zusammen und sahen uns verängstigt um. Die Schreie kamen aus einem anderen Zimmer, gleich rechts vom Altarraum. Die Tür war nur einen Spalt geöffnet. Wir konnten nicht erkennen, was dahinter vor sich ging, doch die Schreie kamen eindeutig von einem Mädchen. Einem kleinen Mädchen.

Nach ein paar Minuten rief Mama Ego meinem Vater zu, dass er uns in den Altarraum schicken sollte. Wir wollten nicht hineingehen, doch nicht zu gehorchen war auch keine gute Idee, das wussten wir nur allzu gut.

Mama Ego starrte uns von oben herab an. Sie war groß für eine Frau und ihre Stimme war tief und laut.

»Habt ihr das Mädchen gesehen?«, fragte sie uns. »Das Mädchen in dem anderen Raum. Sie ist eine Hexe. Eine böse Hexe, die ihre Kräfte nicht für das Gute nützt.«

Wie um ihre Worte zu unterstreichen, hörten wir wieder Schreie aus dem Nebenzimmer. Ich wusste nicht, was dort mit dem Mädchen geschah, doch es waren eindeutig Schmerzensschreie.

»Lasst euch das gleich eine Warnung sein, ihr beiden. Wenn ihr eure Kräfte für das Böse einsetzt, werdet ihr zerstört werden!«, rief Mama Ego mit donnernder Stimme. »Also, eure Stiefmutter ist seit vier Monaten bei eurem Vater, aber noch immer nicht schwanger. Warum?«

Mama Ego stand wie eine Riesin vor Itohan und mir. Sie verlangte eine Erklärung, doch wir wussten nicht, was wir sagen sollten. Was wollte sie von uns?

»Schwanger!«, rief sie erneut. »Redet!«

Mir schlotterten die Knie. Mein Magen fühlte sich flau an und ich spürte einen Knoten in meinem Hals. Meine Haut brannte wie Feuer und mir wurde heiß.

»Du hältst ihren Unterleib fest!«, schrie die Pastorin mit donnernder Stimme.

Ich hatte furchtbare Angst, doch Itohan ging es noch schlechter. Tränen liefen ihr über die Wangen.

Die Frau ist verrückt, schoss es mir durch den Kopf. Sie sind alle verrückt!

Wir hatten nichts getan, hatten nicht einmal gewusst, dass Nancy versuchte, schwanger zu werden. Ich wollte das alles erklären. Ich hoffte, dass sie mir zuhören und mich verstehen würden.

»Ich habe keine Ahnung, wovon ihr sprecht«, sagte ich. »Wir sind nicht schuld. Wir haben nichts getan!«

Mama Ego schüttelte enttäuscht den Kopf. Daddy drehte sich wütend um, laut zu fluchen wagte er nicht in einem Gotteshaus.

»Trinkt das!«, befahl Mama Ego und reichte Itohan und mir je einen Becher mit bräunlicher Flüssigkeit. Wir nahmen die Becher widerwillig und tranken. Die Substanz schmeckte fürchterlich. Bitter, scharf und leicht faulig.

»Ihr werdet gestehen, dass ihr Hexen seid, und zugeben, dass ihr eure Tante verhext habt. Sonst werdet ihr innerhalb von sieben Tagen sterben«, sagte Mama Ego und ihr Mund verzog sich zu einem selbstzufriedenen Grinsen.

Ich fragte mich, ob ich gerade Gift getrunken hatte.

12

2010

Ob der Mann, der mir gegenübersaß, auch solche Rituale durchführte? Ob auch er kleinen Kindern drohte, sie müssten sterben, wenn sie nicht gestanden, Hexen zu sein?

Ich war mir nicht sicher. Ganz so friedlich und harmonisch, wie er seine Arbeit darstellte, war sie bestimmt nicht.

Ich fühlte mich immer unwohler in seiner Gegenwart. Ich wollte aufstehen und gehen. Ihn sitzen lassen mit seinen verdrehten Ansichten, seinen toten Tieren und seinen blutigen Ritualen. Ihn anschreien und ihm seinen Wahn vor Augen führen.

Die Kamera lief. Der Priester erzählte.

Ich blieb stumm sitzen.

»Schau her«, sagte er und nahm einen Bambusstock aus seinem Schrein. Daran waren weiße Muscheln befestigt, dazwischen befanden sich metallene Glöckchen und Perlen.

»Dieser Stock ist ein Instrument, durch das die Götter mir Antworten auf meine Fragen schicken. In Europa haben die Ärzte verschiedene Werkzeuge und hier haben wir eben unsere. Der Unterschied ist nur, dass unsere Werkzeuge nur von den wenigsten Menschen verstanden werden. Schau dich nur um! Ich besitze viele Heilmittel, von denen andere nur träumen können. Mit der richtigen Kräutermischung kann ich einer Frau, die nicht schwanger wird, helfen. Ich hatte schon mit vielen dieser Frauen zu tun und alle bekamen kurz nach meiner Behandlung Kinder.«

Ich nutzte das Thema als Überleitung, um ihn nach der Verfolgung von Kindern zu fragen.

»Wie kann es sein, dass sogar kleine Kinder der Hexerei beschuldigt werden?«

»Bevor ein Kind geboren wird, existiert es bereits in einer anderen Welt. Wenn es in unsere Welt kommen will, sucht es sich eine Mutter aus, welche dann mithilfe der Fortpflanzung schwanger wird. Wir sehen nur den physischen Teil dieses Vorganges, doch dahinter verbirgt sich eine Menge Spiritualität. Unter welchen Umständen die Frau ihr Baby bekommt, hat großen Einfluss auf das Kind. Wenn die Frau zum Beispiel unbedingt schwanger werden will, kommt sie zu mir, und die Götter sagen mir, wie ich ihr helfen kann. Dann bekommt sie ihr Kind von den Göttern. Das Kind gehört ihr aber nur, solange sie auch den Göttern dient. Oftmals vergessen die Frauen nach einiger Zeit, was sie den Göttern schulden. Viele lassen sich auch zum modernen Glauben bekehren und gehen in die Pfingstkirchen statt ihren eigenen Göttern Opfer darzubringen. Was passiert dann? Die Götter wollen das Kind zurück. Sie erfüllen das Kind mit ihren bösen Kräften und das Kind richtet mit diesen Kräften Schaden an, manchmal ganz ohne sich dessen bewusst zu sein. Die Folge sind Krankheiten, Misserfolge, Fehlgeburten. Wer ist schuld an alldem? Natürlich die Mutter, weil sie die Götter ignoriert hat.«

Wir verbrachten mehr als zwei Stunden bei dem Priester. Als wir nach einer langen Verabschiedung wieder in den Wagen stiegen, fühlte ich mich ausgelaugt. Ich war froh, endlich aus dieser Hexenwelt zurück in die Realität zu kommen. Auto, Straße, Hotel. Dinge, die ich sehen und angreifen konnte. Weit fort von magischen Ritualen, bösen Kräften und Göttern, die in Tontöpfen lebten.

Auf dem Weg ins Hotel rief ich Andrea an. Die Regisseurin war mit dem Rest des deutschen Filmteams bereits in Ghana. Nach einer herzlichen Begrüßung fragte sie mich, wann ich in Ghana ankommen würde. Ich erzählte ihr von meinem Gespräch mit Sam Itauma und dass wir den Ausflug in das Kinderheim hatten absagen müssen. Als sie die Gründe dafür hörte, war sie ebenso entsetzt wie ich. Das Material, das wir bei dem Juju-Priester gesammelt hatten, wäre sicherlich auch interessant, sagte sie. Ich erklärte, dass ich schon am nächsten Tag mit Itohan, meiner Mutter und meiner Großmutter nach Lagos fliegen würde, um am Tag darauf mit der nächsten Maschine nach Ghana zu fliegen. Andrea freute sich und versprach, uns vom Flughafen abholen zu lassen.

Nachdem wir aufgelegt hatten, lehnte ich mich zurück und sah aus dem Fenster auf die vorbeiziehenden Häuser und Menschen. Es war Zeit, Benin wieder zu verlassen.

Würde ich die Stadt vermissen? Wahrscheinlich.

Am schwersten war aber der Abschied von meinen Brüdern. Fred und Richard verließen Benin noch am selben Tag. Fred lebte und arbeitete in einer kleinen Stadt etwa zweihundert Kilometer entfernt von Benin, Richard leistete gerade im Norden des Landes seinen Zivildienst ab. Beide waren nur nach Benin gekommen, um mich zu sehen.

»Es tut mir leid, dass ich euch in diese Sache mit Daddy hineingezogen habe«, sagte ich bei unserer Verabschiedung.

»Ist schon in Ordnung, Adesuwa. Du kannst nichts dafür. Der Mann ist einfach krank«, antwortete Richard.

»Ich werde euch beide vermissen«, sagte ich und versuchte, meine Tränen zurückzuhalten.

»Pass auf dich auf, kleine Schwester.«

Wir umarmten einander und die beiden stiegen in ihre Autos. Ich würde sie lange nicht mehr sehen.

Ein warmer Wind blies mir ins Gesicht und wehte durch meine Haare. Ich saß am Strand von Lagos und sprach am Telefon mit Harald. Der Himmel war dunkel, fast schwarz und Millionen von Sternen funkelten über dem Meer. Hier schienen sie viel heller zu sein als in Wien. Die Stadt, die nur wenige Meter hinter mir aufragte, lag in völliger Dunkelheit. Die Stromversorgung war wieder einmal ausgefallen. Reiter galoppierten den Strand entlang oder führten ihre Pferde am Zaumzeug herum, um sie für einen Ausritt zu vermieten. Auch mich sprach ein Mann an.

»Madam, kommen Sie! Setzen Sie sich auf das Pferd. Sie werden es lieben! Nur hundert Naira«, sagte er.

Ich lehnte ab. Der Mann wollte nicht so schnell aufgeben. Er versuchte es noch einmal, doch als er merkte, dass ich mit den Gedanken ganz woanders war, gab er auf und zog sein Pferd davon.

Ich vermisste Österreich nicht, aber Harald und meine Kinder fehlten mir sehr. Harald musste mir jede Kleinigkeit berichten, vom Frühstück am Morgen bis zu der Gute-Nacht-Geschichte, die er Roland abends vorlas. Wir telefonierten mehr als zwanzig Minuten lang, dann war es Zeit aufzulegen.

Das Meer rauschte. Der Wind und die Wellen wurden immer stärker. Ich saß nur zwei Meter vom Wasser entfernt, die nackten Füße bis zu den Knöcheln vergraben im Sand, der noch immer warm von der Sonne war.

Genau an dieser Stelle hatte ich oft mit Betty gesessen, als wir gemeinsam in Lagos gelebt hatten. In warmen Nächten, wenn es unter der Brücke zu heiß und voll gewesen war, waren wir hierhergekommen, um unter freiem Himmel zu schlafen. Obwohl wir oft nicht genug zu essen und kein Dach über dem Kopf gehabt hatten und völlig allein in einer fremden und gefährlichen Stadt gewesen waren, hatten wir hier viele glückliche Momente verbracht. Wir hatten gelacht, von unserer Zukunft geträumt und überlegt, wo unsere Reise uns wohl noch hinführen würde. Wir waren voller Hoffnung gewesen.

Meine Träume hatten sich mittlerweile erfüllt. Die meisten zumindest. Betty hatte nicht so viel Glück gehabt. Ihre Reise hatte nur drei Jahre später abrupt geendet. Die Umstände ihres plötzlichen Todes waren nie aufgeklärt worden.

Ich beobachtete die heranbrausenden Wellen, bis das Bild vor meinen Augen verschwamm und ich Bettys Gesicht vor mir sah. Sie war nicht viel älter gewesen als ich, gerade siebzehn, als wir in Lagos angekommen waren. Dünn war sie gewesen, mit einem schmalen Gesicht. Doch ihr Lächeln war groß und strahlend gewesen.

Ich stand auf und ging ein Stück den Strand entlang. Immer wieder blieb ich stehen und strich mit meinem Fuß den Sand hin und her, so als ob unter einer dünnen Schicht der Körner etwas verborgen wäre, das ich freilegen könnte. Doch unter dem Sand war nur noch mehr Sand und tiefer wollte ich nicht bohren. Weder hier, noch in meiner eigenen Vergangenheit. Nicht jetzt. Ich wollte mich nur ein bisschen erinnern, an schöne oder zumindest nicht ganz so schlimme Zeiten.

Am nächsten Tag warteten Itohan, meine Mutter, meine Großmutter und ich gemeinsam auf unsere Maschine nach Ghana. Wir saßen auf unbequemen Sitzen am Flughafen und ich hoffte, dass unser Flug keine Verspätung haben würde. Itohan und meine Großmutter waren noch nervöser als ich, denn sie waren noch nie geflogen.

»Oh mein Gott, ich werde fliegen! Kannst du das glauben?«, sagte meine Großmutter immer und immer wieder.

»Ich kann es auch nicht glauben«, sagte Itohan, »Ich werde einfach schauen, was die anderen Leute machen, und es ihnen gleichtun.«

Im Flugzeug konnte Itohan keine Sekunde ruhig sitzen. Ständig fragte sie mich, was dies war oder jenes. Was dieser Knopf tat und wofür dieser Schalter gut war. Als wir über Lagos flogen und auf die Stadt heruntersahen, strahlte Itohan über das ganze Gesicht, und ich freute mich, ihr dieses Erlebnis ermöglicht zu haben. Auch meine Großmutter war überglücklich, wenigstens einmal in ihrem Leben geflogen zu sein.

»Ich muss alles meinen Freundinnen erzählen. Adesuwa, mach noch ein paar Fotos«, bat sie. Sie redete ebenfalls den ganzen Flug hindurch. Das störte mich nicht. Ich liebte ihre leise, weiche Stimme.

»Ich kann gar nicht glauben, dass wir schon in einem anderen Land sind«, sagte sie, als wir zum Landeanflug auf Accra ansetzten. »Wie kann es sein, dass wir so schnell von einem Land in das nächste gereist sind?«

Meine Mutter und ich schmunzelten. So viel hatte Großmutter schon lange nicht mehr geredet.

Der Flughafen in Accra war etwas ruhiger als der in Lagos, doch auch hier herrschte Chaos. Als wir auf den Parkplatz traten, kam uns aus der Menge ein Mann in einem feinen grauen Anzug entgegen. Es war Jeff, unser Reisebegleiter. Er war Mitte dreißig und arbeitete in der Medienbranche, wodurch er in der ganzen Welt herumkam. Er hatte alle Drehgenehmigungen für uns eingeholt.

Jeff machte einen fast übertrieben seriösen Eindruck und ich kam mir neben ihm in meinem knallgelben Shirt und den blauen Dreiviertel-Jeans ein bisschen albern vor. Gemeinsam gingen wir zu seinem Wagen, einem weißen Minibus mit Allradantrieb. Ich fragte mich, ob wir den Allradantrieb wohl brauchen würden.

Im Wagen war es so kalt, dass ich mir sofort eine Weste überzog. Der Fahrer war wohl sehr stolz auf seine Klimaanlage.

»Ach, an diese Straße kann ich mich noch erinnern«, sagte meine Mutter, wenige Minuten nachdem wir losgefahren waren. »Dort links geht es in die Stadt.«

Sie drehte sich um und sah zu der Abzweigung, an der wir gerade vorbeigefahren waren. Sie dachte wohl an die Zeit zurück, als sie das letzte Mal hier gewesen war. Mein Vater hatte sie oft mit auf seine Geschäftsreisen genommen und so hatte sie viele Teile Afrikas kennengelernt.

Ich war glücklich, dass meine Mutter nach Ghana mitgekommen war. In Benin waren wir kaum zu einem persönlichen Gespräch gekommen. Alles war von den Ereignissen bei meinem Vater überschattet gewesen. Nun hatten wir endlich ein bisschen mehr Ruhe und Zeit, über alles zu reden. Es gab so viel zu sagen.

Nachdem meine Eltern sich getrennt hatten, war meine Mutter aus Nigeria geflohen. Vier Jahre lang hatte ich nichts von ihr gehört, hatte nicht gewusst, wie es ihr ging und ob sie überhaupt noch am Leben war. Ich hatte nur gehört, dass sie sich von Nigeria aus auf den Weg nach Frankreich gemacht hatte. Als sie zurückgekommen war, war ich bereits verlobt gewesen. Ich stand kurz vor meiner Hochzeit und hatte mein eigenes Geschäft. Kurze Zeit später verließ ich Nigeria schließlich. Wir hatten schon vor meiner Abreise wenig Kontakt gehabt, nun wurde es noch weniger. Wir telefonierten nur ein paar Mal pro Jahr. Ich hoffte, dass wir nun endlich wieder einen Draht zueinander finden würden.

Andrea begrüßte uns freudig, als wir im Hotel »High Gate« im Stadtzentrum von Accra ankamen. Zum ersten Mal traf ich auch das restliche Team. Jan, den Kameramann, und Ole, der für die Tonaufnahmen verantwortlich war. Gemeinsam mit Jeff und unserem Fahrer würden wir übermorgen in den Norden Ghanas aufbrechen. Meine Familie würde dann wieder zurück nach Benin fliegen.

Am nächsten Morgen fuhren wir früh ans Meer. Andrea meinte, der Strand wäre der ideale Ort für das Interview mit meiner Mutter. Dutzende Fischerboote lagen angetaut bei den Stegen, ohne dass sich irgendeine Art von Ordnung erkennen ließ. Die Boote, die großteils rostig und mit Algen bedeckt waren, lagen kreuz und quer im seichten Wasser und teilweise so dicht beieinander, dass man nicht einmal dazwischen durchschwimmen hätte können. Kinder liefen herum und spielten im Sand. Menschen gingen spazieren und Verkäufer boten schreiend ihre Ware an. Ich verstand nicht, was sie sagten. Obwohl die Amtssprache in Ghana Englisch ist, werden am Land und in den kleineren Dörfern oft die lokalen Dialekte gesprochen, von denen es in Ghana besonders viele gibt. Jeff verstand ihre Sprache. Er lachte immer wieder auf, wenn irgendjemand einen Kommentar machte. Er erklärte mir, dass die Leute über das weiße Filmteam erstaunt waren. Immer wieder hörte ich das Wort »Obruni«. Jeff sagte, das hieße so etwas wie »Weißer«.

Ich sah zu, während Ole und Jan ihre Ausrüstung aufbauten, und wartete, bis das Interview begonnen hatte. Dann ging ich zurück zum Wagen. Ich wollte nicht dabei sein, wenn Mummy von ihrer Vergangenheit und ihren Erlebnissen sprach. Ich würde das Interview ohnehin früh genug sehen.

Nach etwa einer halben Stunde kam meine Mutter zurück zum Auto. Sie wirkte lockerer als zuvor. Sie hatte sich den Druck, der jahrelang auf ihr gelastet hatte, endlich von der Seele geredet. Wir fuhren in die Stadt, wo Andrea das Interview mit meiner Großmutter führte, bevor wir nach einem langen Drehtag zurück ins Hotel kamen.

Wir aßen gemeinsam im Hotelrestaurant zu Abend und plauderten, dann zogen wir uns auf unsere Zimmer zurück.

Andrea wollte das gedrehte Material vom heutigen Tag gleich noch einmal durchsehen, und ich entschied mich mitzugehen, um mir das Interview mit meiner Mutter doch noch anzusehen.

In den ersten zehn Minuten erfuhr ich nichts, was ich noch nicht gewusst hatte. Mummy erzählte von unserem Leben in Benin, den Streitereien mit meinem Vater und wie er sie davongejagt hatte.

Dann fragte Andrea sie, was sie denn in den Jahren gemacht hatte, nachdem sie aus Nigeria weggegangen war.

»Es war eine harte Zeit«, sagte meine Mutter und erzählte von ihrer anfänglichen Verzweiflung und ihrer Reise. Dann sah sie sich bedeutungsvoll am Strand um. »An Ghana kann ich mich noch gut erinnern. Nach Frankreich habe ich es nie geschafft, stattdessen pendelte ich immer wieder zwischen Mali und Ghana hin und her und …«

Ich war so schockiert über diese Aussage, dass ich den Rest des Satzes nicht mehr hörte. Das hatte sie mir nie erzählt. Die ganze Zeit über waren meine Geschwister und ich in Nigeria gewesen, hatten auf sie gewartet, kaum etwas von ihr gehört und sogar Angst gehabt, sie sei tot. Sie war aber nicht am anderen Ende der Welt gewesen, sondern immer wieder in Ghana, nicht einmal vierhundert Kilometer von uns entfernt.

Ich fragte mich, warum sie nie nach Nigeria gekommen war. Auch wenn es nur ein paar Tage gewesen wären, warum ist sie nicht ein einziges Mal gekommen, um uns zu sehen? Hatte sie uns vergessen gehabt?

»Die Kinder waren bei meiner Mutter in guten Händen und in Sicherheit …«, hörte ich die Stimme meiner Mutter.

Ja, dachte ich, Großmutter hat alles getan, um uns zu schützen und aufzuziehen, aber Mummy hätte trotzdem da sein können, da sein müssen. Sie war schließlich unsere Mutter!

Ich war wütend und verletzt. An jedem Abend, den ich unter der Brücke in Lagos verbracht hatte, hatte ich mir gewünscht, meine Mutter würde zurückkommen. Mich umarmen und nach Hause mitnehmen. Warum hatte sie nicht ein einziges Mal versucht, uns zu sehen? Alle aus dem Filmteam spürten, wie sehr mich die Worte meiner Mutter getroffen hatten. Andrea sah mich hilflos und mitleidig an, Jan und Ole starrten unbehaglich auf den Bildschirm. Sie alle konnten mir keine Antworten geben. Das konnte nur meine Mutter.

Wütend lief ich zu ihrem Zimmer. Als ich hineinstürmte, lag sie neben meiner Großmutter auf dem Bett und sah fern.

»Ich war überrascht zu hören, dass du immer wieder in Ghana warst und uns nie besucht hast«, sagte ich ohne Vorwarnung.

Meine Mutter richtete sich im Bett auf. Zuerst wirkte sie verwirrt, dann ärgerlich.

»Ich hatte dich bei meiner Mutter gelassen. Du warst schon sechzehn. Manche Leute lassen sogar ihre dreijährigen Kinder allein. Ich erwarte solche Fragen nicht von dir, und es geht dich auch nichts an, was ich zu der Zeit gemacht habe. Ich muss mich vor dir nicht rechtfertigen«, verteidigte sie sich. Diese Art zu reden kannte ich bereits, aber nur von meinem Vater. Die Worte trafen mich wie ein Schlag ins Gesicht.

»Statt etwas Vernünftiges zu sagen, verteidigst du dich sofort. Bist du wirklich davon überzeugt, dass du das Richtige getan hast? Ich war erst sechzehn! Ich war noch in der Schule und musste so schnell erwachsen werden und eine Mutter für meine jüngeren Geschwister sein. Ich habe Dinge erlebt, die nicht einmal für einen Erwachsenen gesund sind.«

Diese letzten Worte trafen sie offensichtlich. Trotzdem wollte sie nicht einlenken.

»Ich schulde dir keine Erklärung«, sagte sie.

Wir stritten, bis Großmutter sich einmischte und mich bat, endlich Ruhe zu geben. Das war typisch für sie und die Mentalität unserer Heimat. Ich war die Jüngere, also war ich schuld. Was bildete ich mir denn ein, meiner Mutter solche Fragen zu stellen? Sie so anzugreifen und die Vergangenheit neu aufzurollen?

Ich ärgerte mich noch mehr.

»Ich habe nicht versagt«, rief meine Mutter. »Es war nicht meine Aufgabe, für euch da zu sein. Es ist die Aufgabe des Mannes, für die Kinder zu sorgen.«

»Was ist dann die Aufgabe einer Frau?«

Diesen Einwurf überging sie.

»Dein Vater hat versagt, nicht ich. Du wagst es, dich hinzustellen und mir Vorwürfe zu machen?«

Das Gespräch führte zu nichts, außer zu Tränen. Mummy und ich weinten beide, als ich das Zimmer wieder verließ und die Tür hinter mir zuschlug. So hatte ich mir unsere Aussprache nicht vorgestellt.

13

Beim Frühstück am nächsten Morgen war die Stimmung auf dem Tiefpunkt angelangt. Ich saß an einem Tisch in der Ecke, als meine Mutter gemeinsam mit Itohan und Großmutter in den Speisesaal kam. Ich beobachtete, wie sie sich im Restaurant umsah, mich erblickte, sich zu Großmutter umdrehte und ihr etwas zuflüsterte. Dann schritt sie langsam zum Buffet, ohne mich eines Blickes zu würdigen.

Großmutter kam zu meinem Tisch und sah mich lange an.

»Bitte entschuldige dich bei deiner Mutter«, sagte sie.

»Entschuldigen? Für was denn?«

Die Wut stieg wieder in mir hoch. Warum sollte ich mich bei meiner Mutter entschuldigen? Nur weil es die Tradition unserer Heimat so verlangte. Die Eltern hatten bei uns immer recht. Traditionen werden aber von Menschen erschaffen, und sie können auch von Menschen wieder geändert werden. Ich würde mich nicht entschuldigen. Ich wusste, dass ich im Recht war.

Großmutter sah mich enttäuscht an und ging schließlich ebenfalls zum Buffet. Wir verbrachten das Frühstück schweigend.

Als Erstes wollten wir an diesem Tag zu dem berühmten Kaneshie Markt. Andrea wollte dort ein paar Einstellungen drehen und die einmalige Atmosphäre einfangen. Mir war nicht nach einem Tag voller Trubel, aber alle sagten, den Kaneshie Markt müsste ich mir ansehen, wenn ich schon einmal in Ghana war. Also kam ich mit.

Itohan war nicht glücklich, das konnte ich in ihren Augen sehen. Sie hasste es, wenn Familienmitglieder miteinander Streit hatten. Wahrscheinlich fand sie auch, dass es meine Pflicht war, mich bei Mummy zu entschuldigen. Wenigstens sprach sie es nicht aus. Während der Fahrt plauderten wir stattdessen über Nebensächlichkeiten, das Hotel, das Essen und das Wetter.

Der Markt war hektisch, laut und heiß. Nicht vergleichbar mit den Märkten, die ich in Österreich manchmal besuchte. Ein riesiges Marktgebäude stand auf einem großen Platz, der von zahllosen Verkäufern genutzt wurde. Es gab keinen Fleck am Boden, der nicht besetzt war. Kein Zentimeter war freigeblieben.

Auf Tüchern und Planen hatten die Menschen ihre Ware aufgelegt, richtige Stände gab es nur wenige. Hier wurde praktisch alles verkauft. Von frischen Früchten und duftenden Gewürzen über bunte Tücher, Taschen und Kleidung bis hin zu Sonnenbrillen, Uhren und Autoradios. Es gab auch einige Stände mit Schnecken, Schweinefüßen oder anderen undefinierbaren Fleischstücken, die in der heißen Sonne lagen und bereits einen üblen Geruch verströmten.

Die Menschen feilschten, handelten und priesen schreiend ihre Waren an. Kinder rannten durch die Menge, Gemüse, Obst und manchmal sogar ganze Hühner in den Händen. Die Hühner waren noch am Leben.

Ich wanderte mit Itohan herum und wir gingen zu einer alten Frau, die Berge von Früchten auf Decken am Boden ausgebreitet hatte. Wir kauften frische Bananen.

»Wow«, sagte ich mit vollem Mund, als ich meinen ersten Bissen genommen hatte. »Die schmecken wirklich nach Banane!« Der Geschmack war nicht vergleichbar mit dem der Bananen, die es in Österreich zu kaufen gibt.

Während Jan und die anderen einen geeigneten Platz zum Filmen suchten, spazierten Itohan und ich noch ein wenig herum. Jeff hatte einen jungen Assistenten mitgenommen, der uns ständig mit kaltem Wasser versorgte. Wir plauderten ein wenig mit ihm, zuerst über den Markt und dann über den Norden Ghanas. Jeff kam hinzu und erzählte, was er von dem Hexendorf in Gushiegu wusste, das wir als Nächstes besuchen wollten.

»Das Dorf ist weit weg von allen anderen Dörfern. Niemand geht dort gerne hin«, sagte er.

Ich fragte Jeff, ob er auch an böse Kräfte und Hexen glaubte.

»Natürlich gibt es das alles. Hexen haben aber nur Macht über die, die vor ihnen Angst haben oder von ihnen abhängig sind. Es gibt ja noch die Kirche, die uns vor ihnen beschützt.«

Ich war leicht verwundert. Jeff war in seinem Leben schon viel gereist und in der ganzen Welt herumgekommen, das hatte zumindest Andrea mir erzählt. Trotzdem glaubte er fest an die Existenz von Hexen.

Nach dem Besuch auf dem Markt fuhren wir noch in ein Einkaufszentrum, um dort das Interview mit meiner Schwester zu führen. Andrea hielt das für einen gut geeigneten Drehort, vor allem weil es dort bedeutend ruhiger war als auf dem Markt.

Gegen fünf Uhr waren wir wieder im Hotel und hatten etwas Zeit, uns frisch zu machen, bevor wir einander wieder zum Abendessen trafen.

Diesmal fehlte meine Mutter. Großmutter erzählte, dass sie auf ihrem Zimmer geblieben sei und sich das Essen dorthin bringen ließ.

Das war typisch für meine Mutter. Schon am nächsten Tag würde sie zurück nach Benin fliegen und wir würden uns lange nicht mehr sehen. Trotzdem wollte sie den letzten Abend lieber allein in ihrem Zimmer verbringen, als sich einer Aussprache mit mir zu stellen. Ihr Stolz ließ nicht zu, dass sie den ersten Schritt zur Versöhnung machte. Stattdessen wartete sie, bis ich zu ihr käme und mich entschuldigte. Ich war aber die Tochter meiner Mutter und genauso stur wie sie. Ich schwieg.

Am Morgen darauf kam ein Vertreter des Kinderheims in Accra an. Sam Itauma hatte es nicht geschafft, selbst zu kommen. Als Leiter des Heims wurde er persönlich von der Regierung Akwa Iboms verfolgt. In sein Haus war eingebrochen worden, Dokumente und verschiedene Gegenstände waren mitgenommen worden. Er war mehrere Male offen bedroht worden und nun untergetaucht.

Emmanuel Okon, der statt Sam nach Ghana gekommen war, traf sich mit uns in einer Hotelsuite, wo wir ungestört sprechen konnten. Die Kamera lief, hier konnte uns die Regierung Akwa Iboms nicht davon abhalten.

»Wie geht es Sam?«, fragte ich Emmanuel.

»Nicht gut. Seit wir öffentlich über die Stigmatisierung und Folter der Hexenkinder in Akwa Ibom gesprochen haben, werden wir alle verfolgt. Sie werfen uns vor, den Ruf des Landes zu verderben. Wir werden bedroht, sowohl von der regionalen Regierung als auch von den Pfingstkirchen, die die Hexenverfolgung befürworten. Viele Mitarbeiter von CRARN wurden auf der Straße attackiert. Sie versuchen, uns einzuschüchtern.«

Emmanuels Bericht klang furchtbar. Sam und sein Team mussten damit leben, dass niemand sie schützte. Niemand hörte ihnen zu. Sie waren auf sich gestellt.

Ich konnte nichts tun, um ihre Not zu lindern. Lediglich ein paar Kartons mit Heften und Spielsachen für die Kinder konnte ich ihm geben. Als Emmanuel die Sachen sah, freute er sich sichtlich.

»Bei uns fehlt es an allem. Unsere finanziellen Mittel haben nie ausgereicht, den Kindern all das zu geben, was sie brauchen. Seit den Verfolgungen ist es noch viel schlimmer. Die Kinder werden sich sehr freuen«, sagte er.

Ich erzählte Emmanuel von einigen Dingen, die ich bis jetzt über den Hexenwahn gehört und gelesen hatte, und auch meine eigene Geschichte fasste ich kurz für ihn zusammen. Er nickte die ganze Zeit, nichts von alldem überraschte ihn.

»Hast du die BBC-Reportage auf Youtube gesehen? Die über CRARN?«, wollte er wissen. Ich kannte sie nicht, also schilderte Emmanuel kurz den Inhalt für mich. Später sah ich mir die Reportage selbst im Internet an.

Eine BBC-Journalistin hatte gefilmt, wie eine ungefähr fünfunddreißig Jahre alte Frau ihre achtjährige Tochter zu CRARN gebracht hatte. Sie war zu Sam Itauma gegangen und hatte ihm ihr Kind hingehalten.

»Das Kind ist besessen. Jemand hat ihm böse Kräfte gegeben«, hatte sie zu Sam gesagt. »Wenn du ihre Kräfte neutralisieren kannst und mir Geld gibst, um für sie zu sorgen, darf sie wieder mit mir nach Hause kommen. Sonst lasse ich sie hier.«

Die Worte der Frau schockierten mich. Ich war schließlich selbst Mutter und der Gedanke, dass jemand sein eigenes Kind einfach so weggeben konnte, quälte mich. Es war der Frau anscheinend nicht einmal wirklich um die Hexerei gegangen. Sie war bereit zu glauben, dass ihre Tochter keine Hexe war, wenn sie nur das Geld bekäme, um für sie zu sorgen. Immer wieder stieß ich bei meiner Recherche auf Armut als starkes Motiv beim Phänomen der Hexenverfolgung. Ich sprach Emmanuel darauf an.

»Ist die Hexenverfolgung wirklich eine verrückte Hysterie, die aus fundamentalistischen Überzeugungen gewachsen ist, oder ist sie vielleicht doch eher das Resultat der Armut und der Perspektivlosigkeit der Menschen hier?«

»Es ist die schreckliche Notsituation vieler Menschen, die diese Verantwortungslosigkeit verursacht«, sagte er. »Viele suchen nach einem würdigen Grund, ihren Pflichten als Eltern nicht mehr nachkommen zu müssen. Nicht weil sie einfach nicht für ihre Kinder da sein wollen, sondern weil sie es nicht mehr können. Da ist eine Hexereianschuldigung genau das Richtige. Niemand zweifelt eine solche Anschuldigung an. Ist ein Kind erst einmal als Hexe stigmatisiert, gibt es praktisch niemanden, der ihm noch glaubt oder auch nur zu nahe kommt.«

Auch das war mir nur allzu vertraut. Als mein Vater noch erfolgreich gewesen war, hatte er uns als seine Kinder geliebt. Wir waren sein Fleisch und Blut gewesen, auf das er stolz war.

Doch dann lief sein Geschäft immer schlechter, das Geld wurde knapp und ihm fehlten die Mittel für unser Schulgeld. Als er seine Rechnungen nicht mehr bezahlen konnte, wurden auch seine Anschuldigungen immer lauter. Er hatte wahrscheinlich auch nur eine Rechtfertigung gesucht, um uns nicht mehr versorgen zu müssen.

»Armut ist aber nicht der einzige Grund für Eltern, ihre Kinder der Hexerei zu beschuldigen. Viele der Wohlhabenderen glauben ebenfalls alles, was ihre Priester und Pastoren ihnen sagen«, sagte Emmanuel. »Die Kirchenoberhäupter haben die eigentliche Macht und sie nutzen sie aus, um sich selbst zu bereichern. Wenn Eltern zu ihnen kommen, um sich beraten zu lassen, verlangen die Priester Geld dafür. Bei dieser Beratung soll der Priester herausfinden, wer schuld an den Misserfolgen oder Problemen der Familie ist. Doch nach dieser ersten Beratung gibt es noch eine zweite, dritte und zwanzigste. Keine davon ist gratis.«

So war es auch bei meinem Vater gewesen. Er war immer öfter zu den Priestern gegangen und unser Unglück war immer größer geworden.

»Von wie viel Geld sprechen wir hier?«, fragte ich.

»Die erste Beratung kann, je nach Priester, zwischen zwei und dreißig Euro kosten. Ein Reinigungsritual kann bis zu dreitausend Euro kosten. Je nachdem, wie aufwendig es ist. Es kommt auch darauf an, wie stark die Kräfte der angeblichen Hexe sind und ob sie zugibt, eine Hexe zu sein. Dazu kommen noch die sogenannten Opfergaben und kleinen Geschenke an den Priester.«

Ich unterbrach Emanuel erschrocken.

»Das sind ja unglaubliche Summen! Dabei haben viele dieser Menschen ohnehin schon Geldsorgen.«

»Ja. Viele Eltern nehmen sogar einen Kredit für die Rituale auf. Es ist schrecklich, einen Kredit aufzunehmen, um sein eigenes Kind foltern zu lassen.«

Das Gespräch mit Emmanuel hatte mich erschüttert. Nachdem wir die Geschenke für die Kinder in sein Taxi gepackt und uns voneinander verabschiedet hatten, fuhr er zurück zum Flughafen. Ich ging in mein Zimmer, um allein zu sein. Ich hatte ein paar Stunden Zeit und wollte nachdenken. Über Eltern, die ihre Kinder aus dem Haus jagten, und Mütter, die ihre Töchter im Stich ließen.

Ich setzte mich auf mein Bett, vergrub mein Gesicht in meinen Händen und weinte. Der Gedanke, im Streit mit meiner Mutter auseinanderzugehen, tat mir weh. Sollte ich mich doch bei ihr entschuldigen und einfach alles vergessen, nur weil es sich hier so gehörte? Was würde dann aus unserer Beziehung und aus ihrem geplanten Besuch bei mir in Österreich werden? Mittlerweile war ich mir nicht mehr sicher, ob die Einladung eine gute Idee gewesen war.

Ich wusste nicht, was ich tun sollte. Auf meinem Bett zu liegen und zu weinen, brachte mich auch nicht weiter. Am nächsten Tag wollten wir in den Norden Ghanas aufbrechen, also trocknete ich mein Gesicht, stand auf und packte langsam meine Sachen. Das Falten und Zusammenlegen der Wäsche war eine willkommene Beschäftigung, bei der meine Hände automatisch arbeiteten, während ich meine Gedanken ordnen konnte. Es beruhigte mich.

Als es an der Tür klopfte, hatte ich mich wieder beruhigt und den Groll und die Verzweiflung ein wenig vergessen können. Ich öffnete und Itohan und meine Mutter kamen ins Zimmer. Meine Mutter und ich sahen einander in die Augen und meine Mutter breitete langsam die Arme aus, ohne etwas zu sagen. Es war eine merkwürdige Situation. Ich wollte mich fallen lassen, von meiner Mutter gehalten werden, aber ich wollte auch Antworten.

»Lassen wir die Vergangenheit hinter uns«, sagte sie. »Zumindest für den Moment. Wenn ich in Österreich bin, können wir über alles in Ruhe reden.«

Die Stimme meiner Mutter war sanft. Itohan lächelte mir ermutigend zu. Ich war nicht sicher, ob wir unsere Differenzen während ihres Besuches wirklich klären würden können, doch ich hatte auch keine Kraft mehr, jetzt weiter mit ihr zu streiten. Außerdem hatte sie das getan, was ich mir so sehr gewünscht hatte: Sie hatte den ersten Schritt gemacht. Mit ihrem Angebot war sie auf mich zugekommen, und ich wusste, dass ihr das nicht leicht gefallen war.

Ich gab nach und öffnete ebenfalls meine Arme. Sie nickte und wir umarmten einander, hielten einander für ein paar Sekunden einfach fest.

Gemeinsam gingen wir in die Lobby, wo Großmutter bereits auf uns wartete. Als sie mich und meine Mutter gemeinsam kommen sah, huschte ein Lächeln über ihr Gesicht. Wir hatten uns zwar noch nicht versöhnt, nicht wirklich, aber wir gingen wenigstens nicht mit bösen Worten auseinander. Das war für uns alle gut und Großmutter war zufrieden.

Als wir uns endgültig verabschiedeten, spürte ich einen brennenden Schmerz von meinem Magen in meine Kehle wandern. Wieder einmal kamen mir die Tränen. Ich war glücklich, meine Familie wiedergesehen zu haben, doch nun würde ich sie für lange Zeit vermissen.

Ich drückte Großmutter länger als die anderen. Sie war schon sehr alt, und ich war nicht sicher, ob dies nicht das letzte Mal war, dass ich sie sehen würde. Sie küsste mich auf die Wangen und stieg in das Taxi, das schon seit zehn Minuten wartete. Itohan und Mummy stiegen ebenfalls ein, und sobald die letzte Tür geschlossen war, fuhr der Fahrer los. Ich stand auf dem Parkplatz und winkte ihnen nach, bis das Auto um die Ecke verschwunden war.

15

Unsere Fahrt in den Norden Ghanas dauerte fast zwölf Stunden. Noch am Tag vor der Abreise hatten sich der Fahrer und unser Reisebegleiter Jeff große Sorgen wegen unseres Reiseziels gemacht.

»Wir müssen sehr früh losfahren. Im Norden Ghanas ist es gefährlich. Wir dürfen auf keinen Fall erst nachts dort ankommen«, warnte Jeff.

Damit hatte er völlig recht. Es war allgemein bekannt, dass der Norden der unruhigste Teil von Ghana war. Selbst in der österreichischen Auslandsreisewarnung stand, dass dieses Gebiet am besten ganz zu meiden sei. Ich hoffte, dass es noch andere Menschen außer mir und dem Team gab, die sich über solche Verbote hinwegsetzten. Wie sollten sonst jemals die Hexenverfolgungen, die dort stattfanden, wirklich aufgedeckt und bekämpft werden?

Die Straße nach Norden war nur ein kurzes Stück gut befahrbar, danach wurden wir wegen der Unebenheiten im Boden in unseren Sitzen hin und her geschüttelt. Im Vergleich zu den meisten anderen Fahrzeugen auf der Straße waren wir noch gut dran. Wir sahen kleine alte Autos, die mit Menschen vollkommen überfüllt waren, und überholten große Lastwagen, auf deren Ladeflächen sich Waren, Tiere und Passagiere den Platz teilen mussten. Wir saßen in unserem Minibus mit Allradantrieb, jeder von uns hatte einen bequemen Sitzplatz und dank der Klimaanlage spürten wir die Hitze nicht.

Ich verbrachte die ersten Stunden damit, aus dem Fenster zu sehen und die Farben der vorbeiziehenden Landschaft zu beobachten. Die Erde war rot. Sie bildete einen harten Kontrast zu dem blauen Himmel und den grünen Pflanzen. Wie in einem Bilderbuch, dachte ich. So intensive Farben sah ich in Österreich selten.

Wenn wir an Dörfern vorbeikamen, sahen wir immer wieder Straßenhändler, die Früchte, Wasser oder Erdnüsse verkauften. Das Wasser war hier zumeist in kleinen Plastiksäcken verpackt, normale Plastikflaschen gab es immer seltener, je mehr wir uns dem Norden näherten. Wenn wir kurz haltmachten, um etwas zu kaufen, wehte mir der Wind sofort den Geruch der trockenen Erde in die Nase. Im Auto aßen wir Früchte, plauderten oder lasen.

Unser Wagen verfügte über ein eingebautes Mediacenter, eine Besonderheit nicht nur für afrikanische Verhältnisse. Auf den Rückseiten der Sitze befanden sich kleine Bildschirme, mit denen wir fernsehen konnten. Unser Fahrer war stolz auf sie und ließ keine Gelegenheit aus, uns die vielen verschiedenen Sender anzupreisen, die wir im Auto empfangen konnten. Eine Weile zappte ich durch die Kanäle und blieb bei der einen oder anderen lokalen Produktion hängen. Alles Seifenopern, kitschig und unrealistisch, ähnlich denen aus Nigeria. Keinen dieser Filme konnte ich ernstnehmen und nach einiger Zeit bekam ich sogar Kopfschmerzen davon. Ich schaltete auf den Sender Aljazeera um, den ich auch in Österreich empfangen konnte und der immer wieder Reportagen und gute Filme zeigte.

Als ich die ersten Szenen des Programms sah, horchte ich auf. Es handelte sich um eine Dokumentation über eine Gerichtsverhandlung in der Zentralafrikanischen Republik, vor dem der Fall einer etwa dreißigjährigen Frau verhandelt wurde. Das Verfahren lief bereits seit vielen Jahren. Nun fand die Schlussverhandlung statt, die in der Reportage gezeigt wurde. Die Anklage lautete auf Hexerei.

Viele Schaulustige waren im Gerichtssaal. Sie wollten Zeugen des Urteils sein, das der Richter an diesem Tag bekannt geben würde. Es wurde berichtet, dass die Frau in ihrer Heimat nicht sehr beliebt war. Sie war beruflich sehr erfolgreich, was für eine einfache Dorffrau ungewöhnlich war und den Neid der anderen Dorfbewohner geweckt hatte.

Die Verhandlung war in jenem Ort das Spektakel des Monats. Frauen, Männer und Kinder ließen ihre Arbeit liegen oder schwänzten die Schule, um dabei zu sein. Das Urteil würde über das weitere Leben der Frau entscheiden. Sie hatte noch die Chance, zu gestehen und den Ausgang des Verfahrens damit zu beeinflussen.

»Schuldig oder nicht schuldig?«, fragte der Richter.

Die Zuschauer warteten auf ein Geständnis, doch die Frau gönnte ihnen diesen Erfolg nicht.

»Nicht schuldig, Euer Ehren.«

»Lügnerin!«

»Hexe!«

»Hexe!«

Das Publikum tobte und Flüche regneten auf die Angeklagte herab. Keiner der Anwesenden stand der angeblichen Hexe bei. Niemand ergriff für sie Partei. Ihre Familie stand nicht hinter ihr. Nur ihrem Strafverteidiger schien tatsächlich etwas an der Frau und ihrem Freispruch zu liegen. Es war ein Anwalt, von dem ich schon gehört hatte und der bekannt dafür war, beschuldigte Hexen zu verteidigen.

Der Richter schlug mit seinem Hammer etliche Male auf den Tisch, bevor endlich wieder Ruhe im Saal einkehrte. Ich war nervös. Ich hoffte so sehr, dass die Frau freigesprochen werden würde. Zu gut kannte ich das Gefühl, als Angeklagte vor aufgebrachten Menschen zu stehen. Ich kannte das Gefühl der Demütigung, die Scham und die Gedanken, die einem durch den Kopf gingen, wenn man von Menschen umringt war, die einen am liebsten umbringen würden. Wenn man zugeben sollte, eines Verbrechens schuldig zu sein, das man vielleicht nicht einmal verstand.

Nachdem die Jury beraten hatte, kamen die Mitglieder mit gesenkten Blicken zurück in den Gerichtssaal. Obwohl sie nicht selbst unter Anklage standen, blieben auch sie nicht unberührt von dem einschüchternden Verhalten des wütenden Mobs. Die Angeklagte wartete geduldig auf ihr Urteil.

»Auslöser für das Verfahren war der Ehemann der Frau«, sagte der Fernsehsprecher. »Er hat sie als Erster der Hexerei beschuldigt, weil sie ihm nach sieben Jahren Ehe noch immer kein Kind geboren hatte. Wie in dieser Gegend üblich, nahm er sich nach dieser Zeit eine zweite Frau, doch auch die wurde nie schwanger. Sie ging von einer Kirche zur anderen, von einem Juju-Priester zum nächsten, doch all ihre Gebete blieben ungehört. Da die traditionellen Rituale nicht geholfen hatten, glaubten die Priester, dass die erste Frau des Mannes sie verhext habe. Daraufhin verklagte die zweite Frau ihre Vorgängerin vor Gericht.«

»Diese Frau hat meine Leibesfrucht in die Welt der Hexen gebracht und sie verschlungen! So haben es mir die Priester gesagt«, rief die Anklägerin von ihrem Platz aus. »Sie muss bestraft werden, sonst wird bald das ganze Dorf wegen ihrer Kräfte leiden müssen.«

Diesem Ausruf folgte ein gewaltiger Aufschrei des Publikums, das aus dem halben Dorf zu bestehen schien. Die Jury überreichte dem Richter ihre Empfehlung.

»Vier Jahre Haft«, verkündete der Richter das Urteil.

Die Angeklagte und ihr Verteidiger senkten niedergeschlagen die Köpfe. Das Publikum jubelte. Ich schaltete den Fernseher ab.

Das konnte doch nicht wahr sein! Vier Jahre Gefangenschaft, verhängt von einem legitimen Gericht in der Zentralafrikanischen Republik im Jahr 2010, und alles nur, weil der Ehemann der Frau wahrscheinlich zeugungsunfähig war.

Als wir in Tamale, der Hauptstadt von Ghanas Norden, ausstiegen, war es schon dunkel und wir waren alle erschöpft. Wir waren vierhundertdreißig Kilometer gefahren und abgesehen davon, dass wir nachts ohnehin nicht unterwegs sein sollten, brauchten wir alle eine Pause.

Jeff und Andrea hatten bereits geahnt, dass wir hier haltmachen würden, und noch vom Auto aus ihren Bekannten Simon angerufen. Simon und seine Frau Evelyn hatten vor ein paar Jahren einen Verein gegründet, der sich um die Frauen in den Hexendörfern und um deren Kinder und Enkelkinder kümmerte. Simon und Evelyn stießen wenig später in einem Restaurant zu uns. Sie würden uns nach Gushiegu begleiten, einer Stadt etwa hundertzwanzig Kilometer nordöstlich von Tamale, in der das erste Hexendorf stand, das wir besuchen wollten.

Wir brachen schon früh am nächsten Morgen nach Gushiegu auf. Die Reise war noch beschwerlicher als die am Vortag. Alle dreißig Meter musste unser Fahrer bremsen, um nicht zu schnell durch eines der unzähligen Schlaglöcher zu fahren und dadurch die Stoßdämpfer seines Wagens zu ruinieren. So verbrachten wir mehrere Stunden auf der Strecke. Die erdige Straße hatte eine dunkle orange Farbe, die beinahe unecht wirkte. Traumhaft schön. Es war hier noch staubiger als auf den Straßen, die wir bisher befahren hatten. Die Bäume links und rechts waren staubbedeckt und keines ihrer Blätter war noch grün. Straßenverkäuferinnen, Frauen aller Altersgruppen, sogar Kinder unter zehn Jahren, saßen in ihrem Schatten. Sie alle trugen riesige Eimer voll Wasser oder Lebensmitteln auf ihrem Kopf. Überfüllte Busse kamen uns entgegen. Lastwagen mit Menschen und Ziegen auf der Ladefläche überholten uns. Das war Afrika. Das Afrika, das ich von Europa aus dem Fernsehen kannte. Ein fremdes Afrika für mich. Obwohl ich selbst zwanzig Jahre hier gelebt hatte, hatte ich nie viel Zeit auf dem Land verbracht. Alles hier war neu und fremd für mich.

Kurz vor Mittag erreichten wir Gushiego, die Hauptstadt des Gushego Distrikts. Die Sonne brannte heiß auf die Savannenlandschaft hinab. Um uns herum wuchsen Hirse, Baumwolle und Erdnüsse.

Das Dorf hatte seine eigenen Regeln und seine eigene Bürokratie. Wir durften nicht einfach ins Dorf gehen und mit den Bewohnern reden, sondern mussten warten, während Simon vorausging und uns beim Dorfoberhaupt ankündigte.

»Kein Filmen und keine Fotos bis ich zurück bin«, sagte Simon und verschwand auf einem Weg zwischen den Büschen, der in das Zentrum des Dorfes führte. Evelyn blieb inzwischen bei uns und wartete geduldig.

Es war sehr ruhig. In dieser Gegend gab es praktisch keinen Verkehr und auch Maschinen waren keine zu hören. Ich konnte weit und breit keine Stromquelle ausmachen, mit der die Menschen hier elektrische Geräte hätten versorgen können. Kinder liefen herum. Jugendliche saßen, genau wie die älteren Männer, in kleinen Gruppen zusammen unter Bäumen. Die Frauen arbeiteten. Manche von ihnen hängten frisch gewaschene Wäsche zum Trocknen auf, andere siebten Reiskörner. Einige fuhren auf Fahrrädern herum, ihre Körbe auf den Gepäckträgern voll mit Getreide. Die Gebäude im Dorf waren klein und rund, mehr Hütten als Häuser. Sie waren aus Lehm gebaut, dem billigsten Rohstoff, der hier zu bekommen war. Die Hitze ließ die Wände schnell austrocknen, sodass der Lehm an vielen Stellen abbröckelte. Die Dächer waren aus Stroh. Fenster und Türen gab es nicht. Lediglich eine rechteckige Öffnung in der Wand diente als Eingang, der anscheinend immer offen blieb.

In der prallen Sonne war die Hitze fast unerträglich. Noch schlimmer waren die Fliegen, die uns umschwärmten, sobald wir aus dem Wagen stiegen. Ich beobachtete die Männer unter den Bäumen dabei, wie sie kleine Fahnen schwenkten, um die lästigen Tiere zu verscheuchen. Ich wünschte mir, ich hätte daran gedacht, Insektenspray mitzunehmen. Die Dorfbewohner starrten uns und den riesigen Van an. So ein Gefährt mit so einer Crew sahen die Menschen hier sicher nicht allzu oft.

»Ihr könnt jetzt kommen!«, rief Simon von Weitem. Ein junger Mann von vielleicht zwanzig Jahren kam zu uns und stellte sich als der Sohn des Dorfoberhauptes vor. Er führte uns zwischen den Hütten durch zu seinem Vater, der im Schatten eines großen Baumes auf uns wartete. Auf dem Weg kamen wir an den Toiletten des Dorfes vorbei – kleinen rechteckigen Verschlägen, etwa so groß wie Dixi-Klos, in denen sich Senkgruben befanden. In der Nähe der Toiletten war der Gestank fast unerträglich.

Als das Dorfoberhaupt uns näher kommen sah, richtete es sich mühselig auf. Der Mann war eindeutig betrunken, schien aber noch ansprechbar zu sein. Die Männer und Frauen, die im Halbkreis um ihn herumsaßen, blieben sitzen.

Wir begrüßten einander mit der in dieser Gegend üblichen Begrüßung, die sich für mich wie »Nnne, Nne ...« anhörte. Dann setzten wir uns auf weiße Plastikstühle, die anscheinend extra für uns aufgestellt worden waren. Simon sprach mit dem Oberhaupt und erklärte ihm in dessen Sprache, wer wir waren und was wir hier wollten.

Ein Junge kam gelaufen und brachte eine Flasche mit klarer Flüssigkeit, die er dem Oberhaupt überreichte. Dieser öffnete sie, noch während Simon mit ihm sprach, und nahm einen großen Schluck. Sofort roch ich den Gestank von billigem Alkohol.

Das Oberhaupt deutete mit seiner Hand einem der Männer, die um es herumsaßen, ihm einen Becher zu holen. Er nahm noch einen kräftigen Zug, dann reichte er Flasche und Becher weiter. Die Männer nahmen jeweils auch einen Schluck, bevor sie das Getränk weitergaben. Nach Evelyn war ich an der Reihe. Ich bedankte mich, so höflich ich konnte, um niemanden zu beleidigen, trank aber nichts.

»Ihr seid willkommen«, sagte das Oberhaupt schließlich, als der Becher die Runde gemacht hatte. Simon übersetzte.

»Ich habe gehört, dass ihr wissen wollt, wer all diese Frauen sind, die wir bei uns aufgenommen haben. Sie sind Hexen. Das wird zumindest behauptet. Wir beschützen sie«, erklärte er. »Die Frauen hier sind von ihren Familien verstoßen worden. Man hat sie geschlagen und bedroht. Manche flüchteten aus eigenem Antrieb, andere wurden von ihren Kindern hierhergebracht.«

»Dieser Ort bietet also Schutz? Er ist eine Art Zufluchtsstätte für diese Frauen, habe ich das richtig verstanden?«, fragte ich.

»Ja.«

»Das heißt, ihnen wird hier keine Gewalt angetan?«

»Niemand darf sie belästigen. Wir sind sehr vorsichtig, wenn wir hier jemanden Neuen aufnehmen. Alle müssen sich zuerst einem Überprüfungsritual unterziehen. Nur die, die es bestehen, dürfen bleiben«, antwortete er. Er bedeutete einem der Männer, die Dorfpriesterin zu holen. »Wir werden euch das Ritual vorführen. Es ist zwar sehr einfach, hat aber große Bedeutung für uns.«

Während wir auf die Priesterin warteten, fragte ich, wie lange es das Dorf schon gab.

»Seit mehr als sechzig Jahren gibt es diesen Ort. Ich bin nicht das erste Oberhaupt hier«, erzählte der Mann.

Eine alte Frau marschierte mit einem Messer in der Hand auf uns zu. Ihr Gang war so zielstrebig und entschlossen, dass ich erschrocken zurückwich. Sie blieb kurz stehen und beugte sich hinunter, um die Messerspitze an ein paar Steinen zu schleifen. Als sie sich wieder erhob, stöhnte sie leise auf und stützte eine Hand in ihre Taille. Ich sah deutlich die Schmerzen in ihren Augen. Sie war nicht sehr alt, vielleicht Ende fünfzig, aber sie bewegte sich wie eine Achtzigjährige. Schließlich atmete sie kräftig ein und setzte ihren Weg zu uns fort. Sie kam zu uns, um uns zu begrüßen. Da sie sich bemühte, jeden von uns einzeln willkommen zu heißen, dauerte diese Prozedur eine ganze Weile.

»Das ist die Dorfpriesterin«, sagte Evelyn zu mir, während der kleine Junge von vorhin angelaufen kam und der Frau ein rotes Huhn in die Hand drückte. Das Tier war fast tot, zumindest erweckte es diesen Anschein.

»Bevor man dem Huhn den Hals abschneiden kann, muss man ihm ein paar Federn ausreißen. Dann köpft man das Huhn mit einer schnellen Bewegung und lässt es auf den Boden fallen. Wenn das Huhn auf dem Bauch landet, dann ist die Frau eine Hexe. Wenn es auf dem Rücken zu liegen kommt, ist sie keine. Leugnet sie ihre Schuld, obwohl das Huhn auf dem Bauch liegt, ist sie eine böse Hexe. In diesem Fall nehmen wir sie nicht auf. Sie könnte sogar sterben«, erklärte die Priesterin zu Simon gewandt, der ihre Worte wieder für uns übersetzte.

Ich verstand nicht genau, was die Priesterin mit dem letzten Satz sagen wollte. Vielleicht sprach sie aber auch absichtlich in Rätseln, um nicht zu viel preiszugeben.

»Was passiert, wenn das Huhn auf dem Bauch landet, die Frau aber zugibt, eine Hexe zu sein? Was macht ihr dann?«, fragte ich.

»Das ist einfach zu beantworten. Wir haben noch ein zweites, aufwendigeres Ritual, das wir in so einem Fall durchführen, um die bösen Kräfte der Hexe zu neutralisieren. Dort drüben«, sagte sie und deutete auf einen Ort hinter uns, »dort werden solche Rituale durchgeführt. Sie können mehrere Tage dauern.«

Wir drehten uns in die Richtung, in die sie gezeigt hatte. Dort stand eine Hütte, ähnlich denen der Bewohner, nur dass die Wände weiß gestrichen waren. Die Priesterin erklärte uns, wie aufwendig so ein Ritual war. Ich senkte den Kopf. Ich brauchte die Erklärungen der Priesterin nicht zu hören. Vor acht Jahren hatte ich ein ähnliches Ritual über mich ergehen lassen müssen.

15

Februar 2002

Toni, so hieß mein erster Ehemann. Als ich ihn kennenlernte, lebte er in Benin City, ebenso wie ich und der Rest meiner Familie, auch mein Vater. Wie mein Vater warf auch Toni mir eines Tages vor, ihn verhext zu haben. Ich weiß nicht, wieso er das glaubte. Ich hatte ihm nichts getan.

Ich hatte gedacht, nach dem Rauswurf aus meinem Elternhaus allen Anschuldigungen entkommen zu sein. Sechs Jahre waren seitdem vergangen. Sechs Jahre, in denen ich hart gearbeitet hatte, um mich von den damaligen Ereignissen zu erholen und mir ein neues Leben aufzubauen. Als ich Toni kennenlernte, dachte ich, es endgültig geschafft zu haben. Ich hatte mit sechzehn Jahren mit nichts begonnen, mittlerweile hatte ich mein eigenes Geschäft und eine Wohnung. Nun wollten wir heiraten und gemeinsam aus Nigeria weggehen. Alles war perfekt, bis Toni wie mein Vater vor ihm vom

Hexenwahn befallen wurde. Im Schlaf träumte er ständig, verfolgt zu werden. Er ging zu einigen Priestern, denn er glaubte, dass seine Träume etwas Schlimmes bedeuteten. Die Priester sagten: »Dein Problem ist deine Frau. Sie ist aber nicht selbst schuld an deinen Träumen. Sie hat einen zweiten ›spirituellen‹ Ehemann, der unter Wasser lebt und ihr Leben und ihre Liebe beeinflusst.«

Wahrscheinlich hätte ich Toni gleich nach seiner ersten Anschuldigung verlassen sollen. Schließlich hatte ich bereits erfahren, wohin dieser Wahn führen konnte. Doch ich liebte meinen Mann und setzte so viele Hoffnungen in unsere gemeinsame Zukunft. Ich war entschlossen, den Beschuldigungen endlich ein Ende zu setzen und ein für alle Mal zu beweisen, dass ich keine Hexe war. Die einzige Möglichkeit, das zu erreichen, war ein Ritual, bei dem das Böse aus mir ausgetrieben oder, wie die Priester sagten, »neutralisiert« werden sollte.

Wir suchten eine Priesterin in ihrem Haus auf und fragten um Rat. Nach einem langen Gespräch machten wir uns gemeinsam auf den Weg zum Fluss Okhwae. Einige Diener der Priesterin und Verwandte von Toni begleiteten uns. Sie trommelten und sangen wie bei einem Fest. Ich war überwältigt von den unterschiedlichsten Gefühlen. Einerseits war meine abenteuerlustige Seite neugierig auf das, was jetzt kommen würde. Andererseits hatte ich Angst davor. Ich wusste fast nichts über das Ritual, dem ich mich gleich unterziehen sollte, außer dass mein Vater ähnliche Rituale von meiner Mutter verlangt hatte. Doch meine Mutter hatte sich immer geweigert, mitzumachen. Lange Zeit hatte ich sie deshalb beschuldigt, unsere Familie auseinandergerissen zu haben. Nun beschuldigte mich Toni, der mittlerweile mein Ehemann war, eine »Ogbanje« zu sein, eine Wasserhexe. Ich befand mich also in genau der gleichen

Situation wie meine Mutter vor mir. Doch im Gegensatz zu ihr wollte ich mich dem Ritual unterziehen. Ich hatte nicht einmal viele Fragen gestellt. Ich wusste nur, dass das Ritual sieben Nächte dauern würde. In dieser Zeit sollte ich meinen Ogbanje-Geist in der Unterwasserwelt suchen und erkennen. Sobald ich ihn gefunden hatte, sollte ich seinen Namen sagen, der sozusagen mein zweiter Name war. Das war der einzige Weg, um meine bösen Kräfte in gute zu verwandeln. Danach sollte ich sie für das Wohl meines Mannes einsetzen können. Schaffte ich es nicht, würde das Ritual wiederholt werden.

Der Rhythmus der Trommeln versetzte mich in Trance. Ein Krug wurde mir überreicht. Er war aus Lehm gemacht, silber lackiert und schwer, obwohl er leer war. Ich sollte den Krug auf meinem Kopf balancieren und dabei tanzen. Ich erinnerte mich an keinen einzigen Tanzschritt. Ich fiel zu Boden. Ständig bespritzten mich die Menschen, die um mich herumstanden, mit verschiedenen Flüssigkeiten. Ein Mann schlug eine Shekere, eine Art Kalebasse, die mit einem Netz aus Pflanzensamen umspannt war. Ein schreckliches Geräusch dröhnte in meinen Ohren.

Ich befand mich im Krieg mit mir selbst. Die Priesterin schrie, ich solle loslassen. Mich hingeben. Wieder fiel ich zu Boden. Die Menschen bildeten einen Kreis um mich. Sie spritzten noch mehr Flüssigkeiten auf mich und bestreuten mich mit einem Pulver, das ich nicht identifizieren konnte. Der Lärm machte mich fast wahnsinnig, ich konnte keinen klaren Gedanken mehr fassen. Etwas von den Flüssigkeiten spritzte in meine Augen. Es brannte wie Feuer. Ich rieb in meinem Gesicht herum, doch die Menschen spritzten immer mehr von dieser Substanz auf mich. Meine Augen tränten und meine Haut brannte. Ich konnte nichts mehr sehen und auch nicht sprechen. Mein Mund war trocken und meine Zunge klebte an meinem Gaumen. Ich war allein. Da hörte ich eine Stimme.

»Wenn er kommt, gib dich ihm hin, und du wirst deinen Namen hören.«

Ich wusste nicht, von wem die Rede war. Angst durchflutete mich. Dann wurde mir klar, dass sie meinen spirituellen Ehemann meinten, der angeblich unter Wasser lebte.

Ich hatte jedes Zeitgefühl verloren. Als »er« endlich kam, wusste ich nicht, ob Minuten oder Tage vergangen waren. Doch er kam. Sie sahen die Zeichen. Sie schrien, er sei gekommen. Sie schrien vor Glück und Erleichterung. Ich selbst erkannte die Zeichen nicht. Ich sah gar nichts. Ich war gar nicht da. Ich konnte nicht mehr zwischen Traum und Realität unterscheiden.

Dann sah ich eine Figur. Da war jemand, ich konnte ihn jetzt auch sehen, schemenhaft und dunkel. Bizarre Bilder tanzten durch meinen Kopf. Ich war in einer surrealen Welt gefangen, in der es kein Oben oder Unten gab, keine Logik. Geräusche drangen von außen zu mir und hallten in meinem Kopf wieder. Musik mischte sich mit Jubel und Geschrei zu einem Wirbelsturm aus Klängen, der sich wie die Menschen wild um mich drehte und mir die Luft zum Atmen nahm. Es wurde dunkel, der erste Tag war überstanden.

»Du wirst deinen Namen hören«, flüsterte die Stimme am nächsten Tag erneut. Es gab kein Zurück. Wieder sah ich eine Figur. Ob es dieselbe war wie am vorigen Tag, konnte ich nicht sagen. Tiere wurden geopfert. Blut war überall. Ich wollte diesen Wahnsinn stoppen, doch ich konnte nicht fliehen. Mein Körper gehorchte mir nicht. Es war erst der zweite Tag von sieben, doch schon jetzt hatte ich genug. Ich wollte nur noch, dass das endlich endete.

Am dritten Morgen musste ich mich ausziehen und baden. Es war drei Uhr in der Früh. Splitternackte Frauen standen um einen Eimer versammelt. Darin befand sich ein Gemisch aus Schnaps und Blut. Blätter schwammen an der Oberfläche. Damit sollte ich gereinigt werden.

Jeder Tag brachte neue Erfahrungen, neue Grausamkeiten, die ich nicht bewältigen konnte. Ich fragte mich, wie wohl der Höhepunkt der Zeremonie aussehen würde.

Jeden Abend kam der Moment, in dem ich meinen Namen nennen sollte, meinen zweiten Namen aus der Geisterwelt. Das war der Schlüssel zu meiner Erlösung. Doch ich kannte ihn nicht, diesen Namen. Ich konnte ihnen nicht sagen, was sie hören wollten. Also hörten sie nicht auf, mich zu quälen.

Am vierten Tag konnte ich nicht einschlafen, trotz all der Drogen, die die Priesterin mir in den letzten Tagen gegeben hatte. Panikattacken schüttelten mich. All die Eindrücke, die Gesichter und Geschichten der vergangenen Tage schwirrten durch meinen Kopf und ich konnte nicht mehr unterscheiden, was davon wirklich geschehen war und was nicht.

Als ich am fünften Tag in meinem Bett lag, sah ich überall Schlangen. Das ist die Hölle, dachte ich. Ich war in der Hölle gelandet.

Ich konnte mich nicht bewegen, nicht aufstehen. Überall schlängelten sich die Tiere, auch draußen, auf den Bäumen, auf meinem Fensterbrett, auf der Tür, vor der Tür, überall. Ich lag im Bett und verlor unkontrolliert Urin. Die Priesterin kam in mein Zimmer.

»Er will dich besuchen kommen. Du musst es zulassen, nur dann wirst du wieder frei sein«, sagte sie. »Es ist der einzige Weg, um eine glückliche Ehe mit deinem Mann in dieser Welt zu führen. Du musst es tun.«

Ich fühlte mich wie gelähmt. Mit jeder Stunde nahm meine Verzweiflung zu. Was, wenn ich ihnen am siebten Tag keinen Namen nennen konnte? Dann würde alles von vorne beginnen. Das konnte ich nicht zulassen. Das würde ich nicht überstehen.

Toyin, eine gute Freundin von mir, durfte mich einige Male während des Rituals besuchen. Als sie am fünften Tag in mein Zimmer kam, bat ich sie, mir einen Namen zu nennen. Ich flehte sie an. Natürlich hätte ich mir auch selbst einen ausdenken können, doch dafür war ich bereits zu verwirrt.

Am letzten Tag des Rituals fragten sie mich zum letzten Mal nach meinem Namen. Eine angespannte Stimmung lag in der Luft. Von meiner Antwort würde der Ausgang des Rituals abhängen. Erfolg oder Niederlage, gute Hexe oder böse Hexe, Freiheit oder weitere sieben Tage Qualen. Ich nahm meine ganze Kraft zusammen und schrie den Namen heraus, den Toyin mir gesagt hatte.

»Ameniwewe!«

»Tropfendes Wasser«, das war grob übersetzt jetzt mein Name. Der Name, der meine Erlösung brachte. Zumindest für den Moment. Denn das Ritual war überstanden, das Glück, das die Priesterin Toni und mir damit für unsere Ehe versprochen hatte, blieb jedoch aus.

16

2010

Als ich mich wieder zu der Priesterin umdrehte, riss sie dem roten Huhn gerade die ersten Federn aus. Bei jeder Feder schrie das Huhn kurz, aber laut, als ob es wüsste, dass diese Schreie seine letzten sein würden. Als sein Hals komplett kahl war, schnitt die Priesterin mit einem einzigen kräftigen Ruck den Hals des Huhns zur Hälfte durch. Blut spritzte in alle Richtungen und floss auf den Boden.

»Armes Huhn!«, sagte ich und war froh, dass mich außer dem Kamerateam niemand verstand. Die Priesterin ließ das Tier auf den Boden fallen. Es schrie fürchterlich und rang um sein Leben. Wir standen alle in einem Kreis um das Tier herum und schauten ihm bei seinem Todeskampf zu.

Als sich das Huhn Evelyns Füßen näherte und sie zurückweichen wollte, schrie die Priesterin auf.

»Bleib, wo du bist!«, befahl sie.

Das Huhn fiel auf den Bauch und blieb direkt vor ihr liegen. Ich wurde nervös. Wenn das Huhn auf dem Bauch liegen blieb, hätten wir hier wohl keine guten Karten.

Es dauerte keine zwei Sekunden, bis das Huhn sich ein letztes Mal aufrichtete, torkelte und schließlich auf dem Rücken landete. Freude, Glück, Erleichterung. Ich war nicht die Einzige, die offensichtlich die Luft angehalten hatte und jetzt erlöst aufseufzte. Es war nun eindeutig bewiesen, dass niemand von uns eine Hexe oder ein Hexer war.

Nach dem Ritual besuchten wir eine Gruppe alter Frauen, die unter einem Baum nicht weit von uns saßen und uns schon die ganze Zeit neugierig beobachtet hatten. Über vierzig von ihnen hatten sich versammelt, und alle waren gespannt, was wir ihnen erzählen würden. Ich wusste nicht, was ich sagen sollte. Ich kannte ihre Sprache nicht und wusste auch nicht mehr genau, warum ich eigentlich hierhergekommen war. Die gesamte Situation, die vielen Erklärungen und Behauptungen hatten mich verwirrt. Bei dem Ritual hatte es mir fast den Magen umgedreht. Die Hitze machte mir zu schaffen. Ich war müde und wollte mich am liebsten ins Auto setzen. Ich sehnte mich nach Ruhe, aber die alten Frauen wollten feiern. Sie stimmten ein fröhliches Lied an, dann ein zweites und ein drittes und tanzten im Rhythmus der Musik. Ich war überrascht, wie viel Energie sie hatten und wie fröhlich sie waren. Sie steckten mich sogar ein bisschen damit an.

Die Menschen hier hatten einen Ausweg aus ihrer furchtbaren Situation gefunden. Sie hatten dieses Camp geschaffen, um in einer Gemeinschaft von Menschen, die ihr Schicksal teilten, weiterleben zu können. Sie beschützten einander. Während wir tanzten und sangen, fiel mir auf, dass ungewöhnlich viele Kinder um uns herumliefen.

»Diese alten Frauen können doch nicht so kleine Kinder haben, oder?«, fragte ich Evelyn.

»Nein, die meisten sind ihre Enkelkinder«, antwortete sie. »Die Eltern arbeiten in der Stadt und lassen ihre Söhne und Töchter während der Woche hier. Sie haben kein Geld, um den Kindergarten oder einen Babysitter zu bezahlen. Die Kinder dieser Frauen wissen oft, dass ihre Mütter keine Hexen sind. Sie lieben sie und wollten sie nicht fortschicken, aber sie konnten sie nicht vor der Gewalt der anderen Familienmitglieder schützen.«

Am nächsten Tag besuchten wir ein weiteres Hexendorf, das Tindan hieß. Es war etwas kleiner als das in Gushiegu, nur vierundvierzig Frauen lebten hier. Sie waren viel älter als die Frauen in Gushiegu, im Schnitt etwa siebzig Jahre alt. Die Häuser waren stabiler gebaut als in dem anderen Dorf. Sie waren aus Beton, der in einem intensiven Grün gestrichen war, und sahen aus wie langgezogene, viereckige Bungalows.

Das Oberhaupt dieses Dorfes war eine Frau. Sie lebte hier seit mehr als vierzig Jahren und war seitdem von ihren Kindern getrennt. Niemand besuchte sie. Auch die anderen Frauen hier bekamen keine Besuche. Viele waren von ihren eigenen Kindern beschuldigt worden, Hexen zu sein, und hatten weit weg von zu Hause fliehen müssen, um vor ihren Verfolgern sicher zu sein.

»Ich lebe seit sechzig Jahren in diesem Camp«, erzählte mir eine der Frauen. »Mein Unglück begann, als jemand aus unserer Familie unerwartet starb. Mein Bruder hatte mich noch nie besonders gemocht. Ich habe nie herausgefunden, warum. Er beschuldigte mich, für den Tod des Familienmitglieds verantwortlich zu sein. Ich bin nur eine Frau. Was hätte ich dagegen tun sollen? Ich war aber nicht die Einzige, die beschuldigt wurde. Von einer anderen Frau hieß es auch, dass sie den Toten auf dem Gewissen hätte. Sie konnte rechtzeitig fliehen. Ich glaubte, dass ich trotz der Anschuldigungen ein Teil meiner Familie wäre, und blieb deshalb im Dorf. Mein Bruder bedrohte mich nun immer wieder. Einmal schlug er mich fast besinnungslos. Schließlich wurde es so schlimm, dass ich weggehen musste. Ich hörte, dass es einen Ort gäbe, an dem Frauen in Sicherheit leben könnten, also kam ich hierher. Das ist jetzt sechzig Jahre her. Ich weiß nicht einmal, ob meine Kinder noch leben.«

So oder ähnlich klangen die Geschichten all dieser Frauen. Eine war von einer Nachbarin aus ihrem Heimatdorf beschuldigt worden, eine Hexe zu sein. Die Nachbarin hatte geträumt, von ihr verfolgt zu werden. Daraufhin lief die Nachbarin am nächsten Morgen auf den Hof, zeigte mit dem Finger auf sie und schrie aus voller Kehle: »Hexe, Hexe!«, sodass alle anderen Nachbarn es hören konnten. Der Beschuldigten blieb nichts anderes übrig, als aus ihrem Heimatdorf zu fliehen. Sie erzählte mir, dass sie nie mehr dorthin zurückkehren wolle. Selbst die Tatsache, dass ihre Nachbarin mittlerweile weggezogen sei, könne sie nicht umstimmen.

»Mein Zuhause ist jetzt hier. Diese Frauen, diese Wände. Das ist meine neue Heimat. Hier will ich bleiben«, sagte sie und lächelte entschlossen.

Die vielen traurigen Schicksale, von denen ich während unserer Besuche in den Hexendörfern erfahren hatte, ließen mir in der folgenden Nacht keine Ruhe. Es war eine Sache, davon zu lesen oder einen Bericht im Fernsehen zu sehen, aber eine ganz andere, persönlich mit den Opfern zu sprechen. Keine der Frauen, die ich kennengelernt hatte, hatte sich über ihr

Schicksal beklagt. Keine hatte geweint oder gejammert. Trotz ihrer Verbannung, der Trennung von ihren Familien und ihrem entbehrungsreichen, harten Leben in den Hexendörfern strahlten sie eine unheimliche Kraft aus.

Es waren starke Frauen, die es geschafft hatten, trotz all der Ungerechtigkeit, die sie erfahren hatten, weiterzuleben. Anstatt sich selbst zu bemitleiden, hatten sie gelernt, ihr Schicksal einfach anzunehmen. Sie konnten sogar wieder lachen.

Ich war von der inneren Stärke dieser Frauen tief beeindruckt, doch das änderte nichts daran, dass mich ihr Los schockierte. Keine von ihnen hatte die Verbannung verdient, keine von ihnen war tatsächlich eine Hexe. Es waren ganz normale Frauen so wie ich.

Ich hatte Glück gehabt. Dieser Gedanke ging mir in dieser Nacht ständig durch den Kopf. Es war hart gewesen, von meinem Vater davongejagt zu werden und mittellos zu sein, doch nun erkannte ich, dass es noch viel schlimmer hätte sein können. Ich hatte zumindest die Chance gehabt, mich zu retten und etwas aus meinem Leben zu machen. Ich hatte eine Großmutter gehabt, die mich aufnahm und unterstützte, und eine gute Ausbildung, die mir geholfen hatte, mir ein Geschäft und ein neues Leben aufzubauen. Die Frauen in den Hexendörfern hatten nichts davon gehabt. Wäre ich wie sie in Ghana geboren worden und hätte keine Unterstützung von meiner Großmutter bekommen, hätte ich ein ähnliches Schicksal erleiden müssen.

Ich dachte an mein Zuhause in Österreich. Meine Arbeit, mit der ich anderen Menschen half und die meinem Leben einen Sinn gab. An meinen Mann und meine beiden Kinder, die ich über alles liebte und die mir so viel Glück und Geborgenheit schenkten. Nichts davon würde ich haben, wenn die Dinge nur ein wenig anders gelaufen wären. Stattdessen würde ich in einem Hexendorf leben, alleingelassen und ohne Hoffnung.

17

Am nächsten Morgen verabschiedeten wir uns von Simon und Evelyn und verließen den Norden Ghanas, um zurück nach Accra zu fahren.

Der jüngste Bruder meines Vaters lebte in Ghana und all die Jahre hatten wir uns nie ganz aus den Augen verloren. Er hatte mir den Kontakt zu einem Verein vermittelt, der versuchte, den Hexenwahn direkt an den Wurzeln zu bekämpfen. Prediger und traditionelle Heiler sollten aufgeklärt werden, damit sie nicht noch mehr Frauen beschuldigten, Hexen zu sein. Mr. Owosu, der Leiter des Vereins, hatte sich bereiterklärt, das Filmteam und mich zu ein paar der Kirchen mitzunehmen, mit deren spirituellen Führern er derzeit arbeitete. An diesem Tag sollte ich Mr. Owosu zum ersten Mal treffen. Ich war neugierig auf diesen Mann. Mein Onkel hatte über ihn gesagt, er wäre einer der »wenigen Guten« hier.

Mr. Owosu und ich hatten uns in einem Restaurant verabredet. Ich musste nicht lange auf ihn warten. Mein Kaffee war gerade gebracht worden, als ein dünner Mann in einem frisch gebügelten weißen Hemd und einer grauen Hose etwas unsicher das Restaurant betrat und sich suchend umsah. Als er mich entdeckte, kam er an meinen Tisch und sprach mich vorsichtig an.

»Guten Tag, sind Sie Mrs. Adesuwa?«

Es war ein seltsames Gefühl, von einer fremden Person mit diesem Namen angesprochen zu werden. In Europa wurde ich immer mit »Joana« angesprochen oder mit »Frau Reiterer«, meinem neuen Nachnamen. Den Namen »Adesuwa« verwendeten nur meine Familie und Bekannten aus Nigeria.

»Ja, das bin ich«, sagte ich und bot Mr. Owosu einen Sitzplatz an.

Wir tauschten die üblichen Höflichkeiten aus und kamen rasch zum eigentlichen Grund unseres Treffens.

»Wie lange arbeiten Sie schon in diesem Bereich?«, fragte ich.

»Etwas länger als vier Jahre. Es fühlt sich aber an, als hätte ich schon mein ganzes Leben lang nichts anderes gemacht«, antwortete er mit einem scheuen Lächeln.

Ich hatte noch nie zuvor so einen schüchternen Afrikaner kennengelernt.

»Ihr Onkel sagte mir, dass Sie hier sind, um einen Film über den Hexenwahn zu drehen. Besonders wichtig sei Ihnen, über die betroffenen Kinder zu berichten. Ist das richtig?«

Ich nickte.

»Es gibt da ein Mädchen, das ich Ihnen gerne als Erste vorstellen würde. Sie heißt Agnes, ist siebzehn und wurde von ihrem Vater aus dem Haus geworfen. Er beschuldigt sie, eine Hexe zu sein.«

»Wie haben Sie das Mädchen gefunden?«, fragte ich.

»Agnes wandte sich an unsere Organisation, weil sie Geld brauchte, um weiter die Schule besuchen zu können. Da fragten wir sie, warum ihre Eltern ihre Ausbildung nicht finanzierten. Sie schilderte uns daraufhin ihre Situation und erzählte, wie es dazu gekommen war.«

»Was genau macht Ihre Organisation in solchen Fällen?«, fragte ich weiter.

»In einem Fall wie diesem versuchen wir natürlich, für das Mädchen eine Bleibe zu finden, damit es nicht auf der Straße leben muss. In erster Linie leisten wir aber gezielt Aufklärungsarbeit. Wir sprechen mit den Pastoren und Priestern, von denen die Hexereianschuldigungen meistens ausgehen. Wir wollen ihnen klarmachen, dass es Hexerei nicht gibt. Wir erzählen ihnen auch, welche schlimmen Auswirkungen ihre Anschuldigungen für die Beschuldigten haben. Selbstverständlich dokumentieren wir jeden einzelnen Fall von Hexenverfolgung.«

Mr. Owosu führte uns an einen Ort am Rand von Accra. Die Menschen in dieser Gegend waren arm, hatten aber sehr viele Kinder. Die kleinen Kinder spielten am Straßenrand, tollten herum und schrien dabei laut. Die etwas älteren spielten Fußball.

Mr. Owosu führte uns zu dem Haus der siebzehnjährigen Agnes, die gemeinsam mit ihrer Mutter, ihrer Großmutter, ihrer Tante und ihrem Cousin in einem einzigen Zimmer wohnte.

Ich war nervös und fragte mich, ob Agnes wirklich mit mir reden wollen würde. Meine Bedenken waren unbegründet. Als sie aus der Hütte trat, begrüßte sie mich mit einem strahlenden Lächeln, als wären wir alte Freunde.

»Guten Abend«, sagte sie. Sie war sehr schlank und hatte eine gepflegte Kurzhaarfrisur. Viele der Kinder hatten aufgehört zu spielen und versammelten sich um unseren Wagen. Wieder einmal wurde das europäische Filmteam zu einer Attraktion.

»Hallo, wie geht es dir?«, fragte ich Agnes.

Agnes ergriff meine Hand ohne Scheu und führte mich durch den Hof zu ihrem Bungalow. Die Nachbarn schauten neugierig aus ihren Häusern, als wir mit dem Kamerateam vorbeigingen. Alle wollten die Weißen, die Obrunis, sehen. Sie winkten uns zu, zeigten mit den Fingern auf uns und tuschelten. Ein kleiner Junge rannte sogar zu uns und berührte Jan blitzartig an der Hand, bevor er kichernd zurück zu seinen Freunden lief. Schließlich standen wir vor einem mit Vorhängen verhängten Hauseingang. Agnes zog ihre Schuhe aus und ich folgte ihrem Beispiel. Sie schob den Vorhang beiseite und wir traten ein.

Der Raum quoll über von Eimern, Wäschebergen und diversen anderen Gegenständen, die ich im Halbdunkel nicht richtig erkennen konnte. Agnes' Familienmitglieder waren alle versammelt. Sie saßen auf dem einzigen Bett, das sie besaßen und miteinander teilen mussten. Es hatte die Maße eines Doppelbettes und stand links neben dem Eingang. Alle begrüßten mich herzlich, fast so, als wäre ich eine gute Freundin der Familie. Sie boten mir einen Platz neben ihnen auf dem Bett an.

Das Zimmer war nicht mehr als zwölf Quadratmeter groß. Es war in blauer Ölfarbe gestrichen worden. Ein kleiner Holztisch stand in der Mitte des Raumes. Das Zimmer ähnelte jenem, in dem früher meine Großmutter gewohnt hatte. Es war dunkel und heiß. Kein einziger Sonnenstrahl drang in diesen

Raum. Die Familie hatte einen Ventilator an der Decke montiert, aber die Hitze war dennoch unerträglich. Schon während der Begrüßung rannen mir die ersten Schweißtropfen über die Stirn. Ole und Jan, die inzwischen ihre Kamera aufgebaut hatten, ging es nicht anders. Andrea blieb beim Eingang stehen, um wenigstens ein bisschen frische Luft von draußen abzubekommen.

Ständig huschte ein Lächeln über Agnes' Gesicht. Hinter diesem Lächeln versteckte sie aber ihr großes Leid. Ich konnte spüren, wie verzweifelt sie war, obwohl ich sie erst wenige Minuten kannte. Agnes' Großmutter saß still daneben, aber auch ihre Traurigkeit ließ sich nicht verbergen. In ihren Augen sammelten sich Tränen, als sie zu sprechen begann. Agnes' Cousin unterbrach sie und versuchte, statt ihr alles zu erklären. Er war sehr aufgeregt. Agnes war viel ruhiger. Sie war es, die schließlich das Wort ergriff und uns ihre ganze Geschichte von Anfang an erzählte. Sie sprach über ihr Schicksal und erzählte von ihren traurigen Erlebnissen. Es war, als würde sie dadurch ihre ganze Traurigkeit und die Last, die auf ihren Schultern lag, auf Jans Kamera übertragen.

Mein Name ist Agnes. Ich bin siebzehn Jahre alt. Die Menschen sagen, ich sei eine Hexe. Nachdem sich meine Eltern vor vielen Jahren getrennt hatten, wohnte ich zusammen mit meiner Tante, meiner Stiefmutter und meinen Stiefgeschwistern im Haus meines Vaters. Meine Mutter konnte nicht für mich sorgen.

Das Haus meines Vaters war groß und stand in Odorkor, einem Vorort von Accra. Mein Vater vermietete einen Teil davon an andere Leute. Eine der Mieterinnen, eine Frau namens Mary, war sehr arm. Sie suchte jahrelang nach einem Job, doch nie fand sie einen. Sie hatte immer Probleme, das Geld für die Miete aufzubringen. Mein Vater sprach sie immer wieder darauf an, doch er konnte sich nie überwinden, sie tatsächlich vor die Tür zu setzen.

Vor etwa einem Jahr behauptete Mary, von Gott einen Auftrag erhalten zu haben. Sie sei auserwählt worden, andere zu führen und zu leiten. Sie gründete eine Kirche. Sie bezeichnete sich selbst als Prophetin und behandelte Menschen mit Hilfe ihrer spirituellen Kräfte. Mit der Zeit wurde sie immer berühmter. Mehr und mehr Leute kamen zu ihr. Irgendwann ging auch mein Vater zu ihr und besuchte sie von da an regelmäßig, um sich von ihr behandeln zu lassen und sich ihre Predigten anzuhören.

Als mein Vater wieder einmal bei Mary in der Kirche war, sagte sie, dass ich eine Hexe sei. Als er an diesem Tag nach Hause kam, war er sehr böse. Er redete nicht mehr mit mir. Ich dachte, er würde sich wieder beruhigen. Würde einsehen, dass ich keine Hexe war, und alles würde wieder normal werden. Ich begrüßte ihn jeden Tag, nachdem ich von der Schule nach Hause gekommen war, aber er antwortete mir nicht mehr. Nach ein paar Wochen sagte er schließlich, ich solle mit ihm zu der Prophetin Mary gehen.

Ich hatte Angst und wollte nicht zu ihr, aber mein Vater zwang mich dazu. Als ich ihr Zimmer betrat, schrie sie mich mit hoher Stimme an.

»Weißt du eigentlich, dass du eine Hexe bist?«, fragte sie. Ich verneinte. Wie hätte ich es auch wissen sollen, selbst wenn ich eine gewesen wäre?

Die Prophetin ging mit meinem Vater kurz aus dem Zimmer, um mit ihm unter vier Augen zu sprechen. Ich schlich zur Tür und lauschte ihrem Gespräch. Ich hörte Mary sagen, dass ich zugeben müsse, eine Hexe zu sein, und dass sie mir einen Trank zubereiten werde, damit ich endlich die Wahrheit sagen würde. Zurück im Zimmer vermischte Mary Fanta, Palmöl, Eier, Wasser und Palmgemüse in einer Schale und schüttete die Masse anschließend in eine Pfanne, die sie über das Feuer stellte.

Als der Inhalt langsam zu kochen begann, fügte sie noch ein weißes Puder hinzu. Dann befahl sie mir, diese Mixtur zu trinken. Ich weigerte mich, doch Mary drohte, meinem Vater zu raten, mich zu verstoßen.

»Er wird dich aus dem Haus werfen«, sagte sie. »Er wird dein Schulgeld nicht mehr bezahlen.«

Das machte mir schreckliche Angst. Ich ging gern in die Schule. Ich mochte es, zu lernen, und liebte meine Freunde in der Schule. Außerdem stand ich kurz vor meinem Abschluss. Also trank ich die Flüssigkeit. Ich trank den Becher leer. Das Gemisch schmeckte scheußlich. Danach fragte Mary, ob ich jetzt wüsste, dass ich eine Hexe sei.

Ich sagte ja. Warum, weiß ich selbst nicht, aber ich sagte ja. Daraufhin ging Mary zu meinem Vater und erzählte ihm, dass Gott ihr befohlen habe, mich für dreizehn Tage in ihrem Haus schlafen zu lassen. Mein Vater brachte mich zu ihr, ohne lange zu überlegen.

Als ich am nächsten Tag in Marys Zimmer lag und schlief, schickte sie ihre beiden Söhne zu mir. Ich weiß nicht mehr, was dann geschah.

Als ich etwa vier Tage in Marys Haus lebte, fragte sie meinen Vater nach einem Huhn, um für ihre Familie Essen kochen zu können. Gott hätte ihr gesagt, dass er ihr eines besorgen solle. Am fünften Tag waren es Eier. Am sechsten Tag hatte Gott sie beauftragt, für meinen Vater zu kochen. Von diesem Tag an kochte nur noch sie für ihn. Ich konnte mir nicht vorstellen, warum Gott ihr so etwas befehlen sollte.

Am siebten Tag ging sie zu meinem Vater in seine Wohnung und erklärte ihm, dass er sich ein neues Auto würde leisten können, wenn sie sich auf ihn legte. Ich verstand das nicht. Mary bezeichnete es als etwas Spirituelles, das nur sie geschehen lassen könnte, und mein Vater war gehorsam wie ein Hund. Zu diesem Zeitpunkt machte er bereits alles, was sie ihm sagte, ohne es zu hinterfragen. Er tat alles, um ihre Wünsche zu erfüllen. Meine Eltern waren damals schon lange getrennt.

Als mich meine Mutter eines Tages besuchen kam, beschuldigte Mary sie sofort, auch eine Hexe zu sein. Sie rannte aus der Küche und schrie es so laut, dass alle Nachbarn es hören konnten. Meine Mutter floh, bevor Marys Anschuldigungen Konsequenzen für sie haben konnten. Ich blieb allein zurück. Ich hatte gehofft, meine Mutter würde mich mitnehmen, doch nun war sie fort. Ich musste zurück in Marys Zimmer gehen. Zu ihren Söhnen. Wenn ich mich weigerte, drohte sie mir, es meinem Vater zu sagen, der mir verbieten würde, weiter die Schule zu besuchen.

Eines Tages erzählte sie ihm, dass sie eine neue Offenbarung gehabt habe. Sie hätte in ihrer Vision gesehen, wie ich in eine Schlange gebissen hätte. Deshalb müsse ich aus dem Haus vertrieben werden, sonst werde mein Vater sterben.

Heute sitze ich hier in der Hütte, während alle meine Freundinnen zur Schule gehen. Ich kann meinen Abschluss nicht mache, weil diese Frau behauptet hat, ich sei eine Hexe.

Ich würde so gerne wieder zur Schule gehen, aber mein Vater und die Prophetin Mary sagen, dass ich eine Hexe bin, und Hexen dürfen nicht zur Schule gehen.

Als Agnes fertig erzählt hatte, entschuldigte ich mich und verließ den Raum. Ich bemühte mich, langsam zu gehen und mir nichts anmerken zu lassen, bis ich den Vorhang hinter mir schließen konnte. Dann rannte ich ein paar Meter und ließ mich auf den Boden sinken. Die Hitze im Raum, die heiße, stickige Luft gemeinsam mit Agnes' Geschichte waren zu viel für mich gewesen. Mir war übel und Tränen standen in meinen Augen. Ich hatte das Gefühl zu ersticken. Bei dem Gedanken an Agnes' Schicksal und die Ungerechtigkeit, die ihr widerfahren war, schnürte es mir die Kehle zu.

Der Vorhang vor dem Eingang wurde zur Seite gezogen und Andrea kam aus der Hütte. Sie setzte sich neben mich auf den Boden und legte mir besorgt eine Hand auf die Schulter.

»Alles in Ordnung?«, fragte sie.

»Ja. Es ist nur die Hitze. Mir ist übel geworden.«

Wir wussten beide, dass nicht nur die Hitze schuld an meinem Zusammenbruch war. In Agnes' Augen sah ich mich selbst, wie ich vor dreizehn Jahren erfahren hatte, dass ich nicht mehr zur Schule gehen durfte. Ich wusste genau, wie sie sich fühlte, und hätte ihr so gerne geholfen. Agnes' Schicksal war kein Einzelfall, so wie ihr erging es tausenden Kindern und Jugendlichen im Land. Ich konnte nicht allen helfen. Die Dimensionen des Problems waren zu groß, als dass eine einzelne Person oder ein Verein sie hätte lösen können. Ich fühlte mich hilflos und ohnmächtig. Als wir uns schließlich von Agnes verabschiedeten, konnte ich dem Mädchen, das mich so herzlich anlächelte, kaum in die Augen sehen.

18

Der nächste Tag war ein Sonntag und die Menschen in Ghana strömten in die Kirchen. Davon gab es sehr viele in dieser Gegend, in allen Städten südlich der Sahara stand praktisch auf jedem öffentlichen Platz eine Kirche. Während Nordafrika grundsätzlich als Teil der arabischen Welt gilt und ein Großteil der Bevölkerung islamisch ist, gibt es im sogenannten Schwarzafrika eine Vielzahl von Glaubensrichtungen, Bewegungen und Kirchen, die aus der christlichen Universalreligion entstanden sind und sich seit dem Ende der Achtzigerjahre extrem vergrößert und verbreitet haben. Es gibt protestantische Bewegungen, wie die Evangelische und die Apostolische Kirche, Baptismus, Methodismus und die Pfingstkirchen. Dem gegenüber steht die »Catholic Charismatic Renewal«-Bewegung, die, wie der Name schon sagt, auf dem Katholizismus beruht.

Die Kirche, zu der wir unterwegs waren, war Teil des »New Pentecostal Movement«, also einer Art erneuerter

Pfingstbewegung. Der Verein von Mr. Owosu leistete dort Aufklärungsarbeit.

Mr. Owosu führte uns durch Steppe und Savanne, vorbei an abgeernteten Feldern und hunderten von Pilgern, die zu verschiedenen Kirchen unterwegs waren. Ich sah in die Gesichter der vorbeiziehenden Leute. Sie alle suchten nach Erlösung von ihren Leiden, nach Antworten und nach Geborgenheit. Sie liefen ihrem Gott entgegen.

Ich sah Kinder, viele nicht älter als zwölf oder dreizehn Jahre. Sie schlenderten die staubige Straße entlang, sangen, plauderten und lachten. Genau wie sie war ich früher jeden Sonntag in die Kirche gegangen. Damals liebte ich die Kirche. Für mich war jeder Sonntag ein kleines Stückchen Freiheit. In der Kirche entkam ich den strengen Augen und der ständigen Bewachung meines Vaters. Es waren nicht die Predigten des Pfarrers, auf die ich mich freute, sondern meine Freunde, die ich dort traf. Wir gingen alle zur selben Zeit in dieselbe Kirche und genossen die Stunden ohne unsere Eltern.

An jenem Tag freute ich mich nicht auf den Kirchenbesuch. Während der Autofahrt erzählte Mr. Owosu uns von dem Ort, den wir ansteuerten. Seiner Beschreibung nach zu urteilen, hatte die Aufklärungsarbeit seines Vereins dort noch nicht allzusehr gefruchtet.

Die Kirche lag ein Stück außerhalb von Accra und nannte sich Israel Prayer Camp. Auf der Eingangstafel des Grundstücks hing das ausgebleichte Porträt eines Mannes. Die Landschaft hinter der Kirche war verwüstet. Das Gebäude selbst bestand aus einem Zinkdach, das auf weißen Betonpfeilern ruhte. Rundherum standen Baracken, in denen die Anhänger des Predigers lebten. Dort fanden sie Zuflucht, denn diese Menschen waren fast alle von ihren Familien verstoßen worden. Um nicht auf der Straße leben zu müssen, waren sie hierher geflüchtet.

Nachdem wir ausgestiegen waren, begrüßte Mr. Owosu den Prediger, Prophet Peter Egyiri, und einige andere Leute. Während er noch einmal sicherstellte, dass wir mit der Kamera willkommen waren, kam eine Frau zu mir und sprach mich an. Im Gegensatz zu den Hexendörfern im Norden sprachen hier alle Englisch, sodass wir keinen Übersetzer brauchten. Die Frau, die etwa Mitte zwanzig war, wollte mir ihre Behausung zeigen. Ich war überrascht über ihre Offenheit und folgte ihr gemeinsam mit Jan und Ole.

Vier dünne, kahle Wände standen um einen Berg von Taschen und Stoffen. Dinge, die die Frau gesammelt hatte, um sich daraus eine Schlafstelle zu machen. Sonst gab es nichts. Kein Dach und nur die nackte rote Erde am Boden.

»Wenn es regnet, regnet es uns direkt ins Gesicht. Wenn es nachts kalt ist, frieren wir. Wenn die Sonne drückend heiß vom Himmel scheint, schwitzen wir. Wir sind hier völlig ungeschützt«, sagte die Frau.

Ich fragte mich, warum dieser Prediger seinen Anhängern keine bessere Unterkunft verschaffte. Die Menschen lebten wie im Krieg, ohne fließendes Wasser, Strom oder sanitäre Einrichtungen.

Die Messe begann gegen neun Uhr.

Jan und Ole stellten sich rechts neben die Bühne und bauten Stativ und Kamera auf. Eigentlich war es gar keine richtige Bühne. Der gesamte Raum war ebenerdig, sodass auch der Prediger auf gleicher Höhe mit seinen Anhängern stand. Doch die Menschen hielten respektvoll Abstand, um ihm den gebührenden Freiraum zu lassen. Andrea saß wie ich auf einem der weißen Plastikstühle, die es hier überall günstig zu kaufen gab und die üblicherweise den Gästen angeboten wurden.

Der Prediger war stolz, dass er an diesem Tag gefilmt wurde. Er lächelte uns immer wieder zu und zwinkerte, als wollte er sagen, dass die Show heute extra für uns besonders aufregend werden würde. Dann begann die Musik und gemeinsam mit seinen Anhängern tanzte er dazu. Eine bodenlange weiße Robe bedeckte seinen Körper, in der Rechten hielt er eine Bibel. Er schloss die Augen wie in Trance, doch hin und wieder warf er Jan einen kurzen Blick zu, um sich zu vergewissern, dass die Kamera noch auf ihn gerichtet war.

Die Menschen sangen und tanzten. Es kam mir vor, als würden Stunden vergehen. Ab und zu wurde die Musik etwas leiser, und ich glaubte, dass sie nun endgültig verstummen würde, doch dann wurde sie wieder lauter und ein neues Lied begann. Es war wie ein großes, fröhliches Fest. Eine ganz andere Art von Gottesdienst als in Österreich. Ob die Freude dieser Menschen ehrlich war oder bloß gespielt, konnte ich nicht feststellen. Die Musik wurde immer lauter und die Gläubigen tanzten immer wilder, als würden sie mit der Musik verschmelzen und alles andere um sich herum vergessen.

Irgendwann bemerkte ich, dass fast alle Anhänger des Predigers Frauen waren. Es gab einige Jungen, von denen ich vermutete, dass sie die Söhne der Frauen waren, aber kaum Männer. Konnte es wirklich sein, dass die Anhängerinnen des Predigers gleichzeitig seine Mätressen waren? Sein Harem? Woher kamen die Kinder? War dieser Mann womöglich der Vater all dieser kleinen Kinder?

Ich konnte meine Vermutung nicht beweisen, doch bei dem Gedanken bekam ich eine Gänsehaut. Zwei Frauen zu haben, war in diesem Teil Afrikas keine Seltenheit für einen Mann, aber ein ganzer Harem war eine andere Sache. Viele der Frauen waren selbst noch nicht erwachsen, höchstens sechzehn oder siebzehn Jahre alt. Ich fragte mich, was sie hier den ganzen Tag taten. Gingen sie überhaupt zur Schule? Ich konnte es mir nicht vorstellen. Von der Straße weg zu Prophet Peter Egyiri, dachte ich. Ob die Frauen gewusst hatten, worauf sie sich da einließen?

Die Musik wollte kein Ende nehmen. Ein kleiner Junge war zu dem Prediger auf die Bühne gekommen und gemeinsam schlugen sie mit Stöcken auf eine zylinderartige Djembe. Der Rhythmus war wild, die Schläge waren laut. Ich hatte das Gefühl, dass die Vibrationen sich über die Erde ausbreiteten und von meinen Füßen durch meinen ganzen Körper wanderten, bis sich sogar mein Herzschlag daran angepasst hatte. Die Musik erfüllte mich von den Zehen bis zum Scheitel und ich konnte keinen klaren Gedanken mehr fassen.

Endlich war der Tanz vorbei und der Prediger betete.

»Im Namen Jesu«, sagte er. Es folgte eine merkwürdige Zeremonie, bei der Christus in den verschiedensten Formen gepriesen wurde.

Da warf eine der Frauen sich vor den Füßen des Predigers auf den Boden. Sie schrie mit schriller Stimme, während sie sich unaufhörlich in der roten Erde hin und her wälzte.

»Lass mich! Lass mich! Bitte lass mich!«, rief sie einem unsichtbaren Angreifer entgegen. Ihre Augen waren geschlossen, Tränen liefen ihr über das Gesicht und mischten sich mit dem Schweiß, der von ihrer Stirn herunterrann. Sie bat um Erlösung. Erlösung von ihren Qualen, Dämonen oder bösen Kräften. Genau verstand ich sie nicht.

»Im Namen Jesu«, sprach der Prediger erneut, wobei er sich über sie beugte und die Hände gen Himmel streckte. »Im

Namen Jesu, komm aus ihr heraus, Dämon! Verlasse diesen Körper und fahre in die Schweine!«

Ich erkannte diesen Befehl. Er stammte aus der Bibel, aus dem Evangelium nach Matthäus. Dort stand die Geschichte von zwei Besessenen, deren Dämonen von Jesus ausgetrieben und in eine Herde von Schweinen verbannt worden waren. Die Schweine waren anschließend über eine Klippe getrieben worden und in den Fluten eines Sees umgekommen.

Der Junge, mit dem Prophet Peter Egyiri zuvor musiziert hatte, reichte ihm eine Flasche mit klarer Flüssigkeit und der Prediger spritzte ein wenig davon auf die Frau, die vor ihm auf dem Boden lag. Sofort wurden ihre Qualen noch schlimmer. Sie schrie noch lauter, ihr Gesicht war verzerrt und all ihre Muskeln verkrampften sich und zuckten. War das Weihwasser gewesen?

Schließlich sprang sie auf und lief orientierungslos herum, wobei sie ständig an Gegenstände stieß, ohne es zu merken. Sie weinte und schloss die Augen wieder. Dann beugte sie sich zu Boden, drückte ihre Handflächen auf ihre Fußrücken und richtete sich wieder auf. Sie rannte auf den Prediger zu, der sie wieder mit der Flüssigkeit bespritzte und sie hart von sich stieß, als sie ihn berühren wollte.

Dieses Drama wiederholte sich eine halbe Stunde lang, bis die Frau völlig erschöpft zusammenbrach und ruhig am Boden liegen blieb. Der Prediger war stolz. Er lachte und setzte sich, sein Gesicht der Kamera zugewandt. Ich war schockiert.

Als die Messe vorbei war, durften wir noch mit dem Prediger unter vier Augen sprechen. Naiv fragte ich ihn, was da soeben vorgefallen war.

Prophet Peter Egyiri war sichtlich erstaunt, dass ich nicht begriff, welches Wunder er gerade vollbracht hatte.

»Diese Frau war von bösen Dämonen besessen und ich habe

sie befreit«, sagte er. Er sei von Gott dazu berufen worden, andere Menschen zu erlösen. Er sei ein Prophet und wie alle anderen Propheten dazu auserkoren, seine Mitmenschen zu heilen, um dadurch selbst der Heiligkeit immer ein Stückchen näher zu kommen. Er wirke Wunder, sagte er, aber nie für sich selbst, immer nur für andere. Wie die meisten Propheten lebe er freiwillig in armen Verhältnissen, so wie Jesus es getan hatte.

Als die Frau, die der Prediger angeblich geheilt hatte, wieder bei Sinnen war, gingen wir zu ihr und sprachen sie an. Sie erzählte Andrea und mir, wie und warum sie hierhergekommen war.

»Mein Name ist Olisa«, sagte sie. »Vor ein paar Jahren starb der Bruder meiner Mutter und wir alle gingen zu seinem Begräbnis. Als sein Leichnam an mir vorbeigetragen wurde, bekam ich eine Gänsehaut, die mich seitdem nicht mehr losgelassen hat. Der Geist des Toten versuchte, von mir Besitz zu ergreifen, und ich spüre immer noch, wie er ständig neue Versuche unternimmt, an mich heranzukommen. Meine Familie hatte Angst vor mir. Sie fürchteten, der Geist könnte auch von ihnen Besitz ergreifen. Also musste ich gehen. Ich suchte lange jemanden, der mir helfen kann. Schließlich kam ich zu Prophet Peter Egyiri, der mich in seine Gemeinschaft aufnahm. Seit fast einem Jahr gehe ich schon in diese Kirche hier. Unser Prediger treibt den Dämon in mir immer wieder aus, doch der Erfolg hält meist nur für kurze Zeit an. Der Geist kommt immer wieder.«

»Siehst du«, sagte der Prediger, der zugehört hatte. »Sie ist besessen. Nur ich kann ihr helfen.«

Ich sah das etwas anders. Ich sah ein verängstigtes, verstörtes Mädchen, das von einem machthungrigen, geldgierigen, selbst ernannten Propheten ausgenützt und kontrolliert wurde.

Der Prediger musste meinen verärgerten Gesichtsausdruck

bemerkt und als Verständnislosigkeit gedeutet haben. Er holte seine Bibel und versuchte, mir zu erklären, worum es hier ging. Er schlug die Bibel auf und las mir daraus vor.

»2. Mose 22:18. Du sollst eine Zauberin nicht am Leben lassen. So steht es in der Bibel. Diese Frau wurde von ihren Eltern verstoßen, weil sie Angst vor ihr hatten. Sie war dem Tod geweiht, aber als Mann Gottes helfe ich ihr. Ich kümmere mich um sie und versuche, ihr ein neues Leben zu ermöglichen. Ich befreie sie von ihren Dämonen.«

Als der Mann von der Bibel sprach, hätte ich ihm am liebsten meine ehrliche Meinung gesagt. Ich hätte ihm gerne das Buch an den Kopf geworfen, um ihn wieder zu Verstand zu bringen, aber natürlich tat ich das nicht. Ich nickte stumm, bemühte mich, eine neutrale Miene zu machen, und ließ ihn weiterreden.

Der Prediger stellte uns nun seine Anhängerinnen vor, eine nach der anderen. Er selbst nannte sie »Klientinnen«. Viele von ihnen waren schon als Kinder von ihren Eltern oder Geschwistern beschuldigt worden, Hexen zu sein. Viele waren gefoltert worden, damit sie es zugaben. Andere waren einfach aus dem Haus gejagt worden und auf der Straße gelandet. Sie hatten als Bettlerinnen gelebt und waren schamlosen Männern ausgeliefert gewesen, die mit ihnen machen konnten, was sie wollten. Ich konnte mir vorstellen, welches Leid sie zu ertragen gehabt hatten.

»Nun haben wir ja eine Unterkunft gefunden«, sagte eine der Frauen mit scheuem Lächeln. »Prophet Peter Egyiri hat uns aufgenommen und uns einen Platz in seiner Kirche gegeben.«

Seiner Kirche, dachte ich, seiner Kirche, seiner Familie. Seinem Harem.

»Hier sind sie sicher«, sagte der Mann, der sich selbst Prophet nannte, und schenkte uns ein stolzes Grinsen.

19

Wenig später waren wir auf dem Weg zu unserem nächsten Ziel. Der Ort, zu dem wir fuhren, war wieder ein Camp einer Glaubensgemeinschaft. Heute sollte dort ein großes Gebetstreffen stattfinden.

Während der Fahrt war es still im Wagen. Andrea war in ihre Notizen versunken, Mr. Owosu und die anderen starrten stumm geradeaus. Ich legte den Kopf zurück und beobachtete die vorüberziehende Landschaft. Die Straße war bedeckt vom immer gegenwärtigen orangefarbenen Staub. Um uns herum waren Wälder, aus denen in frischem Grün einzelne Pflanzen herausragten. So viel Schönheit gibt es hier, dachte ich, und doch so viel Leid.

Nach etwa einer Stunde Fahrt sahen wir das Camp mit seinen hohen weißen Mauern vor uns liegen. Wir mussten wieder vor dem Eingang warten, bis wir die Erlaubnis bekamen, die heilige Stätte zu betreten. Diesmal gingen Andrea und Mr. Owosu gemeinsam hinein, während ich mit dem Kamerateam,

Jeff und unserem Fahrer beim Wagen blieb. Ich kannte diese Art von Kirche, es gab sie auch in Nigeria überall. Es war ein Gebetscamp der Pfingstbewegung. Ein heiliger Ort, zu dem die Menschen pilgerten und etwa eine Woche lang dort blieben. Während ihres Aufenthalts beteten sie, so oft sie konnten, oft bis spät in die Nacht hinein. An solchen Orten geschahen angeblich Wunder und Heilungen.

Ich sah sofort, dass in dieses Camp mehr Geld investiert worden war als in das Israel Prayer Camp. Das Geld kam natürlich von den Gläubigen. Da es in Ghana keine Kirchensteuer gibt, behelfen sich die Kirchen meist mit Merchandise-Artikeln, die sie an Ständen vor den Camps an die Gläubigen verkaufen. T-Shirts, Tücher und Kappen mit dem Logo der Kirche oder aufgedruckten Fotos der Prediger. Anhänger, Ketten, Talismane, Muscheln und bunte Steine. Bücher, Broschüren und Gebetssammlungen. Alles wird verkauft und das Geschäft geht gut. Zusätzlich gehen während den Messen ständig Helfer durch die Reihen der Anhänger und sammeln Spenden.

Bis zum Beginn der Messe war noch Zeit, doch das Gelände um die Kirche wimmelte schon von Menschen. Diesmal waren nicht nur Frauen hier, sondern auch viele Männer. Ein weiterer Unterschied zu dem Camp, das wir zuvor besucht hatten, bestand darin, dass alle Frauen bunte Kopftücher trugen, die ihre Haare bedeckten.

Ich stand mit dem Rücken gegen die Schiebetür unseres Minibusses gelehnt, als eine ältere Frau mich ansprach. Ihre Arme waren übervoll mit Tüchern behängt. Sie erklärte mir, dass es für Frauen hier Pflicht war, ein Kopftuch zu tragen. Ohne Kopfbedeckung würde ich nicht eingelassen werden. Ich kaufte ein schlichtes violettes Tuch und versteckte meine Haare darunter. Was blieb mir anderes übrig.

Mr. Owosu und Andrea kamen zurück zum Eingang und sagten, dass wir nun alle hineingehen dürften. Ole und Jan packten ihre Ausrüstung und schleppten sie durch die sengende Hitze vom Parkplatz auf das Grundstück. Ich folgte ihnen mit einem mulmigen Gefühl im Magen, unsicher, was uns an diesem Ort erwartete.

Gemeinsam mit ein paar Mitarbeitern des Camps zeigte Mr. Owosu uns das Gelände. Er führte uns hinter die Kirche, wo wir ein riesiges Loch im Boden sahen. Es war etwa zweihundert Meter breit und zwanzig Meter tief.

»Das ist angeblich ein heiliges Loch«, sagte Mr. Owosu.

Das erklärte wahrscheinlich auch die Absperrungen aus Holz, die verhinderten, dass die Pilger zu nahe herantraten. Eine ältere Frau hielt mir einen mit Sand gefüllten Becher hin. Ihr eigener Mund war voll mit dem gelben Sand, der sich mit ihrem Speichel zu einer leimigen Substanz vermischt hatte und an ihren Zähnen klebte.

»Kostet«, sagte sie. »Kostet den heiligen Sand!«

Andrea warf mir einen vielsagenden Blick zu. Sie hatte wie ich offensichtlich kein Bedürfnis, etwas von der gelben Substanz zu probieren.

»Haben Sie vielen Dank«, sagte ich, so höflich wie möglich, schüttelte aber heftig meinen Kopf. Die Frau war nicht beleidigt durch die Ablehnung. Ich hatte eher das Gefühl, dass sie froh war, den Sand für sich allein zu haben.

Wir fragten die Menschen, die hier herumstanden, was es mit dem Loch im Boden und seinem Inhalt auf sich hatte. Sie antworteten, dass der Sand von Krankheiten und Unglück befreien könne. Menschen seien dadurch von HIV-Erkrankungen geheilt und Besessene von ihren Dämonen befreit worden. Die Gläubigen kamen von nah und fern, um eine Handvoll von diesem Sand zu bekommen. Auch in diesem Moment liefen einige Frauen fast hysterisch um die Kirche und das Loch herum. Sie schrien »Jesus, Jesus!« und bewegten ihre Köpfe merkwürdig hin und her, als versuchten sie, etwas aus ihnen herauszuschütteln.

Obwohl die Glaubensgemeinschaft in diesem Camp sowohl aus Frauen als auch aus Männern bestand, waren es auch hier wieder nur die Frauen, die glaubten, von bösen Geistern besessen zu sein. Ich sah keinen einzigen Mann, der dies von sich behauptete. Das wunderte mich nicht. Männer werden kaum Opfer der Stigmatisierungen. Viele behaupten, das liege daran, dass Männer stärker sind als Frauen und sich daher besser gegen die bösen Geister wehren können. Wahrscheinlich liegt es daran, dass Männer zumeist die Hauptverdiener in den Familien sind. Denjenigen, der das Geld nach Hause bringt und das Essen auf den Tisch stellt, als Hexer zu bezeichnen und aus dem Haus zu jagen, ist natürlich für niemanden eine gute Idee.

Jungen im Alter zwischen sechs und vierzehn Jahren werden hingegen oft beschuldigt, mit dem Teufel im Bunde zu stehen. In einem Bericht von CRARN hatte ich gelesen, dass im Jahr 2009 mehr als die Hälfte der in dem Heim aufgenommenen Kinder Jungen gewesen waren.

Auch meine Brüder, Fred und Richard, waren – nach meiner Mutter, Itohan und mir – von meinem Vater beschuldigt worden, Hexer zu sein. Das geschah aber erst, als seine neue Frau Nancy bereits bei ihm lebte. Ich nehme an, dass Nancy es war, die Fred und Richard zuerst beschuldigte, da sie immer noch nicht schwanger werden konnte. Sonst war ja niemand mehr im Haus, der für ihr Unglück hätte verantwortlich sein können. Zuvor hatte Daddy immer versucht, seine Söhne vor uns Mädchen zu beschützen. Er hatte Fred und Richard befohlen, Abstand von Itohan und mir zu halten, da wir sie sonst mit unseren bösen Kräften anstecken könnten. Trotz der Anschuldigungen konnte Nancy meinen Vater aber nie dazu bringen, seine Söhne tatsächlich aus dem Haus zu werfen. Er meinte, sie seien quasi Hexer zweiten Grades, also nicht ganz so gefährlich wie ihre Schwestern. Daher durften sie bleiben.

Die Frau, die uns zuvor den Becher mit Sand angeboten hatte, führte uns in die Kirche, wo die Messe bald beginnen sollte. Sie bot uns Stühle in der Nähe der Bühne an und sagte, dass wir alles filmen dürften. Das Filmteam war eine kleine Sensation in der Kirche. Die Weißen zogen wieder einmal alle Blicke auf sich, ich wurde weniger beachtet.

Als ich mich umsah und in die Gesichter von über sechshundert wartenden Menschen blickte, stellte ich mir den Prediger vor, der es geschafft hatte, so viele Anhänger um sich zu sammeln. Ich wusste, dass er sich selbst Doktor Jesus nannte. Ich stellte ihn mir groß, stattlich und charismatisch vor und hielt nach einem entsprechenden Mann Ausschau.

»Halleluja! Lobet den Herrn!«, rief da ein kleiner, unscheinbarer Mann von einem Podium auf uns herunter. Ich hielt ihn für eine Art Hilfspastor, der die Menschen auf das Eintreten des echten Predigers vorbereiten sollte. Ich hatte mich geirrt. Der Mann blieb auf dem Podium und die Messe begann. Die Gemeinde lauschte gebannt.

Nach einer allgemeinen Begrüßung und Einleitung sang der Prediger mit lauter Stimme ein erstes Lied und sechshundert Stimmen fielen in den Gesang mit ein.

Da fiel eine Frau neben der Bühne zu Boden, als ob sie von einem Schuss getroffen worden wäre. Noch bevor ich begriffen hatte, was passiert war, fielen auch mehrere andere Frauen um. Eine nach der anderen sank zu Boden. Die Musik wurde intensiver, die Menschen tanzten nach einstudierten Schritten im Kreis, hoben die Hände zum Himmel und sangen, während sich die Frauen zuckend im Staub wälzten.

Ich sah erstaunt zu. Ich verstand nichts von dem, was hier geschah, doch auch wenn es mir äußerst bizarr vorkam, versuchte ich, nicht zu vorschnell zu urteilen.

Die Menschen tanzten in einer Reihe, fielen zu Boden und rollten sich im Staub. Dann standen sie wieder auf und ließen sich vor dem Podium, das wohl auch als Altar diente, von dem Prediger segnen. Dieser dünne, unscheinbare Mann war ihr Erlöser. Für alle hier Anwesenden stand fest, dass er von Gott gesandt worden war. Gott hatte ihm gesagt, dass er den Grund mit dem heiligen Loch kaufen und darauf eine Kirche bauen sollte.

»Halleluja!«, schrie eine der Frauen. Sechshundert Hallelujas antworteten. Jeder Schritt, jeder Schrei, jedes Lied war perfekt einstudiert. Ich war ehrlich beeindruckt von dem gewaltigen Schauspiel, das sich uns bot. Auch wenn ich die verschiedenen Rituale nicht verstand und ihren Sinn nicht nachvollziehen konnte, war diese Kirche anscheinend doch ein Ort der Erlösung für ihre Anhänger. Mit dem Tanz und Gesang befreiten sie sich von ihren Belastungen und vergaßen ihre Probleme. Daran konnte ich nichts Schlechtes finden.

Dann änderte sich die Situation. Ein Raunen ging durch die Menge und alle Blicke richteten sich auf den Eingang. Andrea und ich drehten uns gleichzeitig um und sahen, wie die Frau, die uns den Sand angeboten hatte, die Kirche betrat. Ihr folgte ein kleines Mädchen, das kaum älter als zwei Jahre alt sein konnte. Die Frau hielt das Mädchen fest an der Hand und zog es zwischen den Gläubigen durch die Kirche. Einige Frauen folgten den beiden und schoben das Mädchen von hinten an. Erst als die Gruppe dicht an uns vorbeiging, konnte ich die Kleine genauer sehen. Sie war sehr dünn und ihre Beine schienen zu schwach, um sie zu tragen. Sie stolperte immer wieder. Am Fuß hatte sie eine große offene Wunde unterhalb ihres rechten Knöchels. Ich konnte nicht erkennen, woher diese Wunde stammte, doch sie nässte und bereitete ihr offensichtlich große Schmerzen.

Ich sah in ihr Gesicht. Ihre Augen waren weit aufgerissen und blutunterlaufen, die Pupillen kreisten wie in Zeitlupe. Sie sah krank aus oder vielleicht war sie auch betrunken. Die Menschen um uns flüsterten einander zu, was es mit dem Mädchen auf sich hatte. Andrea und ich sahen die Frau, die es an der Hand hielt, fragend an, bis sie zu uns herüberkam und uns aufklärte.

»Der Böse Geist gab diesem kleinen Mädchen eine schreckliche Krankheit. Seit es geboren wurde, wird es von bösen Mächten heimgesucht, die es immer wieder schwach machen und ihm Schmerzen zufügen. Die Eltern haben alles versucht, auch westliche Medizin. Nichts hat geholfen, aber jetzt – Halleluja! – gibt es wieder Hoffnung für das Kind. Die Eltern brachten es zu unserem Vater, dem heiligen Mann, hierher in die Kirche. Er kann es heilen!«

Damit verließ die Frau uns wieder und ging zurück zu dem kleinen Mädchen, das leicht schwankend vor dem Podium des Predigers stand. Auf ein Zeichen packten die übrigen Frauen das Kind an den Armen und hielten es fest, während ein Gehilfe der Frau einen Becher mit dunkler Flüssigkeit überreichte.

»Trink, trink!«, befahl sie der Kleinen. Sie hielt ihr Gesicht mit der freien Hand und drückte ihre Wangen zusammen, sodass sie den Mund öffnen musste. Die Kleine wehrte sich mit all ihren Kräften. Sie strampelte und schrie, doch es nützte nichts. Tropfen für Tropfen ergoss sich die Flüssigkeit in den kleinen Mund, rann am Kinn des Mädchens und an seinem Hals hinunter. Es spuckte und hustete, doch ein Großteil des Becherinhalts floss trotzdem in seine Kehle.

Als der Becher leer war, ließ die Frau von dem Mädchen ab und trat einen Schritt zurück, sodass das Publikum wieder freie Sicht hatte. Die Kleine schwankte, ihre Augen waren verdreht. Die Menschen jubelten. Sie hielten die Bewegungen der Kleinen für ein Zeichen, dass nun ein Kampf zwischen Gut und Böse in ihr tobte. Schließlich wurde sie beinahe ohnmächtig. Sie schloss die Augen, ihre Knie sackten ein und ihr kleiner Körper wurde nur noch von den Frauen gehalten, die sie nicht mehr losließen.

»Im Namen Jesu«, rief der Prediger von seinem Podium herab und breitete die Arme aus. Die Menge jubelte. Der Name aus der Bibel brachte die Rettung. Die Erlösung.

Ich starrte das kleine Mädchen entsetzt an. Tränen rannen über meine Wangen, und ich wusste nicht, wie ich diesen Wahnsinn stoppen könnte. Ich wischte mir schnell mit dem Ärmel über das Gesicht, bevor jemand meine Tränen sehen konnte. Zu schnell dachten die Menschen hier an Besessenheit, und ich wollte ihnen keinen Anlass dazu geben, auch in mir einen bösen Geist zu vermuten. Ich bemühte mich, ein Lächeln aufzusetzen, während sich mein Magen verkrampfte und mein Herz zu zerspringen drohte.

20

04. Jänner 2010, Ostkap: Mamakazi Mkhwanazi und ihre Enkelin verbrennen bis zur Unkenntlichkeit, nachdem sie der Hexerei bezichtigt wurden.

13. Jänner 2010, Südafrika: Frau bezichtigt ihre Nachbarin der Hexerei und sticht über fünfzig Mal auf die 81-Jährige ein, bevor sie ihr die Kehle durchschneidet.

22. August 2010, Ostkap: 85-jährige Frau und ihre vier Enkelkinder werden tot in ihrem Haus gefunden. Zehn Männer hatten die Familie attackiert, aus Angst, die Frau würde die Kinder im Dorf verhexen.

07. Oktober 2010, Mosambik: Zwei über 70-jährige Männer nach Hexereianschuldigungen von ihren Familien gelyncht.

12. Oktober 2010, Kamerun: Aufgebrachte Nachbarn zerren 80-jährige Frau halb nackt auf die Straße, weil sie angeblich mehrere Kinder »geschluckt« und rätselhafte Fehlgeburten verursacht hat.

30. Oktober 2010, Ghana: Afrikanische »Hexen« in isolierte Camps verbannt.

29. November 2010, Ghana: 72-jährige Ghanaerin wird von Evangelischem Pastor mit Kerosin übergossen und in Brand gesetzt, nachdem man sie der Hexerei bezichtigt hatte.

02. Dezember 2010, Südafrika: Wütender Mob verbrennt Hexen-Paar bei lebendigem Leib.

27. Dezember 2010, Südafrika: Matome Albert Shai (64) wird der Hexerei beschuldigt und zu Tode gesteinigt.

Die Zeitungen sind voll von solchen und ähnlichen Schlagzeilen. Die Frage, die sich einem unweigerlich stellt, ist: Warum? Warum werden Männer, Frauen und Kinder jeden Alters als Hexen gebrandmarkt, gefoltert, verstoßen und hingerichtet? Woher kommt dieser Wahn und wie ist es möglich, ihn zu stoppen?

Auf meiner Reise habe ich festgestellt, dass es auf keine dieser Fragen eine einfache Antwort gibt. Die Dinge sind auch in Afrika nicht einfach schwarz oder weiß, die Menschen nicht gut oder böse. Um das Phänomen der modernen Hexenverfolgungen zu verstehen, muss man zuerst verstehen, was Hexerei überhaupt ist.

Die Encyclopædia Britannica definiert Hexerei als die Anwendung oder Beschwörung von angeblich übernatürlichen Kräften, um damit Menschen oder Ereignisse zu kontrollieren, typischerweise mit Hilfe von Zauberei oder Magie.

Viele traditionelle Glaubenssysteme Afrikas behaupten, dass solche übernatürlichen Kräfte von spirituellen Wesen verliehen werden. Der Mensch, an den solche Kräfte verliehen wurden, wird Hexe oder Hexer genannt.

Hexerei basiert auf dem Glauben an die Existenz einer dunklen oder auch unsichtbaren Welt, die von diesen spirituellen Wesen bewohnt wird. Es handelt sich um Geister, Dämonen oder Götter, die angeblich in ständiger Beziehung mit den Lebenden in der physischen Welt stehen. Sie haben die Macht, die Gedanken und Wünsche der Menschen zu beeinflussen. In vielen Gebieten Afrikas und anderen Teilen der Welt besteht die Auffassung, dass diese Wesen ständig umherstreifen. Sie sind auf der Suche nach jemandem, von dem sie Besitz ergreifen können, um ihn für ihre bösen Zwecke zu missbrauchen. Manche Menschen fallen den Wesen unwissentlich zum Opfer, andere suchen sie absichtlich auf, um mit Hilfe ihrer Kräfte Unheil anzurichten. Viele Kinder, die als Hexen gebrandmarkt werden, fallen in die erste Kategorie.

Das alles mag sich für moderne Menschen der westlichen Zivilisationen lächerlich anhören und auf den ersten Blick scheint es, als wäre das schlechte Bildungssystem in Afrika schuld an diesen Problemen. Viele glauben, es müsste nur der Unterricht an afrikanischen Schulen verbessert werden, um den Menschen die Realität näherzubringen und zu erklären. Doch der Mangel an Bildung ist oft gar nicht das Problem. Viele Afrikaner glauben einfach an zwei verschiedene Dinge. Einerseits kennen sie die wissenschaftliche Erklärung, wie zum Beispiel die westliche Medizin, die erklären kann, welche Krankheit für den Tod eines Menschen verantwortlich ist. Die Wissenschaft liefert aber keine Erklärung dafür, warum gerade dieser Mensch stirbt oder warum er genau zu diesem Zeitpunkt stirbt. Hier kommt die zweite, spirituelle Welt ins Spiel. Sie vervollständigt quasi die rationalen Erklärungsmöglichkeiten. Das erklärt, warum auch gebildete Menschen und solche, die viel in der Welt herumgekommen sind, an Hexerei glauben.

Dieser Glaube ist tief in den verschiedenen afrikanischen Glaubenssystemen und Kulturen verwurzelt. Eine Studie aus dem Jahr 2005, durchgeführt von BBC, zeigte, dass mehr als fünfundneunzig Prozent der afrikanischen Bevölkerung an die Existenz von Hexen glauben.

Doch nicht nur in Afrika werden Menschen der Hexerei bezichtigt und deshalb verfolgt. Ähnliche Berichte gibt es aus den verschiedensten Teilen der Welt, aus Nepal, Indien, Indonesien, Pakistan, Papua Neuguinea, Thailand, Mexiko, Saudi-Arabien, dem Iran, Syrien, Bolivien, Guatemala und Haiti.

In Westeuropa war der Hexenwahn hauptsächlich zwischen dem fünfzehnten und siebzehnten Jahrhundert verbreitet. Einwanderer brachten das Phänomen schließlich auch mit in die Neue Welt, nach Amerika. Während der Zeit der Hexenverfolgungen auf diesen beiden Kontinenten wurden zwischen vierzig- und hunderttausend Menschen der Hexerei angeklagt und hingerichtet. Dies geschah also während dreihundert Jahren. Schätzungen zufolge wurden in den letzten fünfzig Jahren mindestens ebenso viele angebliche Hexen in Afrika umgebracht.

Die Frage ist, was sich in Afrika in den letzten fünfzig Jahren so sehr geändert hat, dass es die dramatische Ausweitung des Hexenwahns erklären könnte.

Die afrikanische Gesellschaft hat sich in den vergangenen vier bis fünf Jahrzehnten drastisch verändert. Früher lebte der Großteil der Menschen auf dem Land. Sie hatten traditionelle Glaubenssysteme und klar definierte Geschlechter- und Generationenbeziehungen. Vor etwa fünfzig Jahren begann die Urbanisierung der afrikanischen Gesellschaft, der Kapitalismus hielt Einzug und traditionelle Beziehungen brachen auseinander. Diese tiefgreifenden Veränderungen sind der Kern einer postkolonialen Krise in Afrika, die durch politische Instabilität, Bürgerkriege, extreme Armut und Angst geprägt ist. Dazu kommen die generell schlechte medizinische Versorgung, ein Mangel an Aufklärung sowie der Ausbruch von HIV und AIDS. Diese Multi-Krise bietet eine ideale Brutstätte für den Hexenwahn.

Es gibt mehrere Gründe dafür, dass so viele der Beschuldigten Kinder sind.

Hexerei wurde bisher eher mit älteren Männern und vor allem Frauen in Verbindung gebracht. Die Stigmatisierung von Kindern ist eine relativ neue Entwicklung, die im Kontrast zu typisch afrikanischen Werten steht. Kinder wurden in Afrika immer geschätzt und hatten einen hohen Wert innerhalb der Familie.

Viele schreiben dieses neue Phänomen der Armut und dem Zusammenbruch der Familienstrukturen zu. Ein weiterer Grund ist die veränderte Rolle des Kindes innerhalb der afrikanischen Gesellschaft. Kinder spielen heute eine wichtige und aktive Rolle – auf der Straße, wo sie oft arbeiten, um ihre Familien zu unterstützen, in der Armee, wo sie als Kindersoldaten eingesetzt werden, in der Wirtschaft, den Medien, der Musikbranche und auch innerhalb der Familie. Kinder werden in diesen Kontexten nicht mehr als verletzlich und schutzbedürftig wahrgenommen, sondern als Akteure in einer belasteten Gesellschaft.

Niemand kann vorhersehen, welches Kind gefährdet ist, als Hexe stigmatisiert zu werden. Die Vergangenheit zeigte aber, dass bestimmte Gruppen von Kindern stärker gefährdet sind als andere. Dazu zählen Kinder mit Behinderungen und Krankheiten wie Epilepsie, Autismus, Downsyndrom und Legasthenie. Kinder, die als verhaltensgestört gelten, unartig sind oder psychische Probleme haben. Linkshändige Kinder. Kinder, die außergewöhnlich intelligent sind. Kinder, deren Eltern als Hexen stigmatisiert wurden, und Kinder, die bei Stief- oder Zieheltern leben, da sie für diese eine zusätzliche und oft nicht tragbare Last sind.

Die Hexereianschuldigungen bieten einen einfachen und schnellen Ausweg, um die Verantwortung für ein Kind abzugeben. Viele dieser Assoziationen lassen sich aber auch durch Passagen in der Bibel erklären, die physische Leiden mit dämonischer Besessenheit in Verbindung bringen, wie zum Beispiel der folgende Vers:

»Als sie nun fortgingen, siehe, da brachte man einen Stummen zu ihm, der von einem Dämon besessen war; und nachdem der Dämon ausgetrieben worden war, redete der Stumme.« (Matthäus 9:32-33)

Kirchen, insbesondere die Pfingstkirchen und die sogenannte Erweckungsbewegung, spielen eine wichtige Rolle bei der Verbreitung und Legitimierung der Angst vor Hexen. Pastoren und Propheten haben maßgeblichen Einfluss, wenn Frauen beschuldigt werden, Hexen zu sein. Sie sind es, die die Präsenz eines bösen Geistes oder der »Hexenkraft« zu erkennen vorgeben. Die Pfingstbewegung präsentiert ihren Glauben sogar als göttlichen Kampf gegen Hexen und alles Übel, das von ihnen ausgeht. Ihre Anhänger nehmen aktiv an der Verfolgung von Hexen teil.

Der Auslöser für den Hexenwahn liegt nicht in den traditionellen Religionen Afrikas, auch wenn der Glaube an Magie und Hexerei in ihnen fest verankert ist. In der ursprünglichen Form des Juju spielte Zauberei zwar eine wichtige Rolle, wurde aber oft als etwas sehr Positives wahrgenommen. Menschen, die mit der spirituellen Welt in Kontakt standen und als Hexen galten, wurden nicht zwangsläufig als Bedrohung gesehen. Erst das Christentum brachte eine klare Differenzierung zwischen Gut und Böse mit sich. Diese neue Religion sagte, Hexen seien mit dem Teufel im Bunde und eindeutig böse.

Nicht alle christlichen Kirchen in Afrika machen aktiv Jagd auf Hexen. Bei der Hetze ganz vorne mit dabei sind die Pfingstkirchen und die Neuen Pfingstkirchen. Im Mittelpunkt einer solchen Kirche steht meistens ein Pastor oder Prophet, der von sich behauptet, durch eine göttliche Offenbarung auserwählt worden zu sein. Diese Propheten versprechen ihren Anhängern ein besseres Leben, Reichtum und Gesundheit. Diese Dinge könnten nur durch göttliche Heilung und Erlösung von dem allgegenwärtigen Bösen erreicht werden. Die Personifizierung des Bösen in der Figur einer Hexe ermöglicht der Kirche einen direkten Kampf gegen Satan, der mit Hilfe von Exorzismen geführt wird. Die Pastoren und Propheten bestätigen die Besessenheit von Beschuldigten und befreien sie dann angeblich von ihren Dämonen.

Dies geschieht mit Hilfe von Zeremonien, die mehrere Tage dauern können. Oft beginnen sie harmlos, mit Gebeten und dem Auflegen von Händen. Schnell entwickeln sie sich aber zu extrem brutalen Exorzismen. Kinder, die sich so einem

Ritual unterziehen müssen, werden von ihren Familien oft den Pastoren übergeben und in den Kirchen alleingelassen. Diese »Quarantäne« kann Tage, Wochen oder sogar Monate dauern. Während dieser Zeit werden die Kinder gezwungen zu fasten. Essen und Wasser wird ihnen vorenthalten, manchmal so lange, bis die Kinder sterben. Die »Behandlung« kann außerdem Schläge und Verbrennungen sowie das Schlucken von angeblichen Zaubertränken beinhalten. Oft werden ihnen scharfe Pflanzensäfte oder Benzin in die Ohren oder Augen geträufelt. Diese Behandlungen führen zu Erbrechen und Durchfall, was entweder als Beweis für die Präsenz oder als Indiz für die Abwesenheit von übernatürlichen Kräften ausgelegt wird.

Alle spirituellen Behandlungen, die von diesen Kirchen durchgeführt werden, sind kostenpflichtig. Die Gebühren variieren von Kirche zu Kirche, meist sind die Beträge so hoch, dass die Betroffenen sie sich eigentlich nicht leisten können. Die Einnahmen durch Heilungszeremonien und die normale Kollekte, die während der Messe eingesammelt wird, sind beachtlich. Als Konsequenz davon fühlen sich immer mehr Männer und Frauen »von Gott berufen«, in das Geschäft mit der Hexenverfolgung einzusteigen. Das Aufspüren und die »Heilung« von Hexen, insbesondere von Hexenkindern, bringt ihnen nicht nur Geld, sondern auch einen hohen sozialen Status und große Popularität. Das lockt wiederum neue Mitglieder in die Kirchen.

Heute gelten Pastor-Propheten als die Popstars Afrikas. Sie stehen für sozialen Erfolg und Macht. Mit ihnen werden Wohlstand, Reichtum, ein hoher sozialer Status und Kontakte zur politischen Elite assoziiert. Sie besitzen TV-Sender, Radiostationen und sind durch Werbung auf riesigen Straßenschildern omnipräsent.

Doch auch die traditionellen Heiler der alten Religionen lassen sich das Geschäft mit den Hexenkindern nicht entgehen. Zusätzlich zu der Heilung von »natürlichen« Krankheiten mithilfe von medizinischen Pflanzen bieten sie eine Heilung von durch Hexerei ausgelösten Beschwerden an. Natürlich lassen auch sie sich ihre Hilfe teuer bezahlen.

Kirchen und traditionelle Heiler behaupten, die Kinder mit ihren Ritualen komplett von der Hexenkraft befreien zu können. Die Odyssee der Kleinen ist danach trotzdem oftmals nicht vorüber. Kinder werden nach einer spirituellen Behandlung von ihren Familien meist wieder mit nach Hause genommen, nur um bei dem nächsten unglücklichen Vorfall sofort wieder der Hexerei bezichtigt zu werden. Die meisten dieser Kinder werden spätestens dann von ihren Familien verstoßen. Alleingelassen leben sie auf der Straße, wo sie ungeschützt allen Formen von Verbrechen ausgeliefert sind. Mädchen sind besonders gefährdet, sexuell missbraucht zu werden. Sowohl für Mädchen als auch für Jungen besteht ein enormes Risiko, Kinderhändlern in die Hände zu fallen, die sie als Sexsklaven oder Dienstboten verkaufen. Sobald ein Kind auf der Straße landet, kann es nicht einmal mehr auf das Mitleid vorbeigehender Passanten hoffen. Da so viele Kinder wegen Hexereianschuldigungen von ihren Familien verstoßen werden, gehen Menschen in den betroffenen Gebieten meist grundsätzlich davon aus, dass es sich bei allen Straßenkindern um Hexenkinder handelt – und denen will niemand zu nahe kommen, geschweige denn helfen.

Die Regierung kann mit der Situation nicht umgehen. Gesetze, Staatsanwälte und Polizisten sehen untätig zu oder nutzen das Chaos im System aus, um sich selbst zu bereichern. Das erkannte ich schon vor vielen Jahren, noch bevor mein

Vater mich aus dem Haus warf und noch bevor er mich und Itohan der Hexerei verdächtigte.

Damals war meine Mutter seine Hauptverdächtige und die Auseinandersetzungen meiner Eltern wurden immer häufiger und gewalttätiger. Eines Tages war meine Mutter in der Schule, wo sie wie immer unterrichtete, und ich war allein mit meinem Vater daheim. Ich kann mich nicht genau erinnern, was an diesem Tag vorgefallen war, doch ich weiß noch, wie wütend mein Vater war. Er schrie und tobte, dass er meiner Mutter eine Tracht Prügel verpassen würde. Ich konnte ihn nicht besänftigen, so sehr ich auch flehte und bettelte. Er ließ sich nicht von seinem Vorhaben abbringen. Er nahm seine Wagenschlüssel und machte sich auf, um meine Mutter zu finden.

Ich hatte schreckliche Angst um sie. Ich dachte, diesmal würde er sie wirklich umbringen. Ich hatte nur wenig Geld. Ich wusste aber, dass viele Polizisten sehr wenig verdienten. Also nahm ich all mein Geld und fuhr, so schnell ich konnte, zum Polizeipräsidium.

Ich lief zu den ersten Polizisten, die ich sah, hielt ihnen das Geld hin und sagte, dass es da einen fremden Mann gäbe, der meine Mutter ständig belästige und sie schlagen wolle. Sie kamen mit, ohne viel nachzufragen.

Als wir in der Schule ankamen, hatte das Drama bereits begonnen. Meine Mutter lag auf dem Flur am Boden. Sie weinte. Kinder standen um sie herum und sahen dem Spektakel gespannt zu. Die Schuldirektorin lief aufgeregt hin und her und versuchte, die Kinder wieder in ihre Klassen zu bringen, aber ohne viel Erfolg.

»Da ist er«, sagte ich zu den Polizisten. »Das ist der Mann. Nehmt ihn fest!«

Zwei der Polizisten machten einen Schritt auf meinen Vater zu, doch der wusste nur allzu gut, wie er mit der nigerianischen Exekutive umzugehen hatte.

»Das Mädchen dort ist meine Tochter«, sagte er und zeigte auf mich. »Ihr seid wohl hier, weil sie euch bestochen hat. Ich gebe euch doppelt so viel, wenn ihr mich in Ruhe lasst.«

Bei diesen Worten löste sich die Angriffslust der Polizisten in Luft auf.

»Das ist meine Frau«, sagte mein Vater. »Sie ist eine Hexe. Ich arbeite hart, damit sie ein angenehmes Leben führen kann, und sie vergilt es mir, indem sie meine Mühen zunichtemacht und mich in den Bankrott treibt. Ihr seid Männer, ihr wisst, wie das ist …«

Als ich diese Worte hörte, wusste ich, dass ich keine Chance mehr hatte. Ich sah die Polizisten noch einmal mit flehendem Blick an, doch es war nutzlos.

»Das hier ist offensichtlich ein familieninternes Problem«, sagte einer von ihnen und sah mich von oben herab an. »Das müsst ihr selbst klären.«

Bevor die vermeintlichen Ordnungshüter abzogen, wechselten einige Naira den Besitzer. So wurden die Dinge vor dreizehn Jahren geregelt. Doch auch heute ist es nicht viel besser und die Vollzugsbeamten sind nicht die einzigen korrupten Elemente in den Rechtssystemen Afrikas.

In vielen südlich der Sahara gelegenen Ländern ist das Praktizieren von Hexerei noch heute per Gesetz verboten. So zum Beispiel in den früheren französischen Kolonien wie Benin, Kamerun, dem Tschad, Mali und Mauretanien. Dementsprechend werden hier Personen angeklagt, die von sich selbst behaupten, eine Hexe zu sein, oder die von anderen der Hexerei beschuldigt werden. In den früheren britischen Kolonien wie Kenia, Südafrika, Uganda und Simbabwe gibt es ähnliche Gesetzestexte – mit einem signifikanten Unterschied. Hier werden auch diejenigen angeklagt, die falsche Hexereianschuldigungen gegen andere vorbringen. Inwieweit diese Gesetze tatsächlich durchgesetzt werden, ist unterschiedlich. Fälle, in denen als Hexen beschuldigte Kinder vor Gericht gestellt werden, sind nicht allzu häufig. Dies mag an einem generellen Misstrauen gegenüber dem Rechtssystem liegen oder an der häufigen Entscheidung, das Kind eher einer anderen Art von Bestrafung beziehungsweise »Heilung« zu unterziehen. Trotzdem machen Hexenprozesse zum Beispiel in Bangui, der Hauptstadt der Zentralafrikanischen Republik, etwa fünfundzwanzig Prozent aller Fälle aus, die vor Gericht gebracht werden. Bei ländlichen Gerichten der Republik handelt es sich sogar um achtzig bis neunzig Prozent. Als Resultat sind etwa siebzig Prozent der Insassen des Bangui Central Prison aufgrund von Hexereianschuldigungen inhaftiert. Darunter befinden sich unzählige Kinder, die ihre Zellen mit Erwachsenen teilen müssen, weil es keine eigenen Einrichtungen für sie gibt.

Die Zeit von der ersten Anklage bis zur Urteilsverkündung kann mehrere Monate oder sogar Jahre dauern. Kinder wie Erwachsene verbringen diese Zeit meist bereits im Gefängnis, weil sie vor ihren aufgebrachten Familien und Nachbarn nirgendwo anders sicher sind. Da es für das Verbrechen der Hexerei keine echten Beweise geben kann, werden Angeklagte immer auf der Basis von Indizien, Aussagen von Pastoren und traditionellen Heilern sowie ihren angeblichen Opfern verurteilt. Das Schuldbekenntnis der Angeklagten spielt ebenfalls eine große Rolle.

Das nigerianische Rechtssystem versagt nicht nur im Bezug auf den Hexenwahn, sondern wird sogar zum Feind all jener, die sich für die angeblichen Hexen einsetzen. Das zeigt der Fall von Sam Itauma. Von seiner eigenen Regierung verfolgt, musste er untertauchen und später sogar in den Wald flüchten, wo er sich vor der Polizei versteckte. In dem Wissen, dass man ihn entweder ins Gefängnis stecken oder umbringen würde, blieb er unauffindbar. Erst als einer der mächtigsten Priester in Akwa Ibom, ein Mann der von sich behauptete mehr als einhundert Hexenkinder getötet zu haben, vor Gericht gestellt wurde, wollte Sam Itauma aus seinem Versteck kommen, um als Kronzeuge gegen den Priester auszusagen. In letzter Sekunde erfuhr er, dass es sich um eine Falle handelte. Er sollte aus seinem Unterschlupf gelockt und anschließend angeklagt und ins Gefängnis gesteckt werden. Sam blieb nichts anderes übrig, als seine Heimat zu verlassen und nach Amerika zu flüchten. Er lebt seit Mai 2011 in den Vereinigten Staaten. Zurück nach Nigeria kann er nicht mehr.

»Das Böse triumphiert allein dadurch, dass gute Menschen nichts unternehmen«, sagte der Philosoph und Politiker Edmund Burke.

Wenn ich in Europa oder den USA mit Menschen über die Probleme in Afrika spreche, werde ich immer mit den gleichen Argumenten konfrontiert. »Wir sind nicht für diese Menschen verantwortlich«, höre ich oft oder »Man kann sich doch nicht in die Traditionen von anderen Völkern einmischen.« Beides ist Unsinn. Ich will keine Entschuldigungen finden, für das, was afrikanische Regierungen, Diktatoren und kriegerische Banden anrichten. Auch nicht für die macht- und geldgierigen Pastoren, die den Hexenwahn so schamlos vorantreiben.

Doch Europa ist sehr wohl mitverantwortlich für die Probleme Afrikas. Es waren europäische Mächte, die Afrika kolonialisiert und damit ihre eigenen Vorstellungen, Gesetze und Religionen auf den afrikanischen Kontinent gebracht haben. Sie waren es, die die natürlichen Grenzen der verschiedenen Stammesgebiete ausradiert und nach eigenem Belieben neu gezogen haben, wodurch oft verfeindete Völker zusammen in ein Land gepfercht wurden. Bürgerkriege waren und sind die Folge. Völkerwanderungen. Chaos. Hunger. Krankheiten. Die Krise, in der Afrika sich befindet, ist nicht zu hundert Prozent selbst verschuldet. Allein deshalb ist es Europas Pflicht zu helfen.

»Das alles ist so weit weg von uns hier«, höre ich ebenfalls oft von Menschen, wenn ich ihnen vom Hexenwahn in Afrika erzähle. Auch das ist völliger Unsinn. Die Wahrheit ist, dass die Zahlen afrikanischer Flüchtlinge und Auswanderer in Europa ständig steigen. Diese Menschen verlassen ihre geliebte Heimat nicht freiwillig. Sie gehen, weil sie in Afrika verfolgt werden und um ihr Leben fürchten müssen. Ihr Gepäck ist oft spärlich, doch ihr Wissen, ihre Traditionen, ihren Glauben und ihre Ängste bringen sie mit, egal, wohin sie gehen. In England und Frankreich zum Beispiel wird die Verfolgung von Hexenkindern zu einem immer größeren Problem. Zwischen den Jahren 2000 und 2005 konnten in England achtunddreißig solcher Fälle eindeutig nachgewiesen werden. Die Dunkelziffer muss erfahrungsgemäß um einiges höher angesetzt werden. Dieses Problem wird nicht von allein wieder verschwinden.

Viele Europäer verdrängen das Problem einfach, andere haben Angst. In ihrer Unwissenheit glauben sie, die einzige Möglichkeit, sich selbst zu schützen, wäre eine Abriegelung der Grenzen, ein Stopp der Einwanderung. Doch das stimmt nicht. Migration ist nichts Negatives. Sie zu unterbinden ist keine Lösung. Vielmehr muss ein System der menschenwürdigen globalen Mobilität geschaffen werden. Ein System, das auch Entwicklungshilfe für die betroffenen Länder einschließt und das die Not und Perspektivlosigkeit der Menschen in Afrika behandelt und ihnen wirklich eine Möglichkeit zur Entwicklung bietet. Alles andere ist nur eine Bekämpfung der Symptome, eine oberflächliche Eindämmung der Probleme. Es ist nicht nur unsere Pflicht, sondern liegt auch in unserem eigenen Interesse, jetzt einzuschreiten und zu helfen, bevor es zu spät ist.

21

Traurig und erschöpft kam ich Ende November am Flughafen in Wien an. Alles, was ich auf meiner Reise gesehen hatte, waren Gewalt, Ignoranz, Armut und Demütigung gewesen.

Das Einzige, was mir Hoffnung gab, waren die Einsatzbereitschaft und das Engagement von Menschen wie Sam Itauma und Mr. Owosu. Es gibt nicht viele solcher Menschen, doch sie kämpfen täglich vor Ort gegen die Misshandlung von Kindern, für die Sicherheit der Frauen und für eine bessere Zukunft. Allein werden sie es nicht schaffen, wirklich etwas zu verändern. Jedes Leben, das sie retten, rechtfertigt aber ihren Kampf. Ihren und meinen. Auch ich werde nicht aufgeben, mich für afrikanische Frauen und Kinder einzusetzen, obwohl ich mich oft fühle wie David im Kampf gegen Goliath.

Die Auseinandersetzung mit meiner Mutter machte mich traurig, obwohl ich endlich nach Hause kam und meinen Mann und meine Kinder wieder in die Arme schließen konnte. Ich hatte meine Mutter nach Österreich eingeladen, doch je mehr ich darüber nachdachte, desto unsicherer wurde ich, ob ich sie überhaupt sehen wollte.

Bis zu ihrer Ankunft waren es noch ein paar Wochen und ich lebte mich langsam wieder in meinem Alltag ein. Hier in Wien hatte sich nichts verändert, während ich weg gewesen war. Die Bäume waren kahler und der Wind kälter, aber die Menschen waren dieselben. Ich sah in ihre Gesichter, wenn sie mir in der Straßenbahn gegenübersaßen und suchte nach einer Spur des Mitleids, des Zorns über die Ungerechtigkeit oder einem Ausdruck der Kampfbereitschaft. Doch das einzige Gesicht, in dem ich diese Dinge fand, war mein eigenes im Spiegel. Die Menschen in Wien hatten nicht gesehen, was ich gesehen hatte. Sie hatten die schrecklichen Dinge, die ich erlebt hatte, nicht erfahren müssen. Sie glaubten sich in ihrer sauberen, sicheren Stadt weit entfernt von all den verrückten Dingen, die sich in Afrika abspielten. Doch so weit entfernt waren sie nicht. Niemand war das. Ich würde weiter daran arbeiten, das allen Menschen klarzumachen.

Schließlich kam der Tag, an dem meine Mutter in Wien ankommen sollte. Ich hatte schon eingekauft, die Wohnung aufgeräumt, gründlich geputzt und ein Willkommensessen vorbereitet, als sie mich überraschend anrief. Man hatte sie in Italien aufgehalten. Stundenlang sei sie von italienischen Kontrollbeamten befragt worden, da diese ihr von Österreich ausgestelltes Schengenvisum anzweifelten. Sie hätte ihren Flug verpasst und würde erst morgen in Wien ankommen.

»Es ist sehr kalt hier. Ich bin wirklich warm angezogen, aber trotzdem friere ich«, sagte sie.

Ich ärgerte mich über diese unnötige Verzögerung und machte mir Sorgen um meine Mutter. Sie war früher viel gereist, doch das war schon Jahre her und sie war nicht mehr die Jüngste. Allein auf einem fremden Flughafen, umringt von Menschen, deren Sprache sie nicht verstand, fühlte sie sich bestimmt hilflos und unsicher. Ich ging in der Wohnung auf und ab und überlegte, ob ich etwas tun könnte, um ihr zu helfen. Harald spielte im Wohnzimmer mit Roland, der lachte und vor Freude auf und ab hüpfte. Ständig fragte er mich, wann wir endlich zum Flughafen fahren würden. Ich hatte ihm erzählt, dass seine afrikanische Großmutter zu Besuch kommen würde, und er wollte unbedingt mitkommen, um sie abzuholen. Doreen lag in ihrem Bettchen und nuckelte zufrieden an ihrem Schnuller.

Immer wieder telefonierte ich mit meiner Mutter. Sie hatte zwei Nigerianerinnen, die am Flughafen arbeiteten, kennengelernt. Die Frauen kümmerten sich ein wenig um sie und liehen ihr ihre Mobiltelefone, damit wir in Kontakt bleiben konnten. Gegen Mitternacht gingen die Frauen nach Hause und Mummy und ich konnten nicht mehr telefonieren. Ich hatte ihr angeboten, ein Hotelzimmer für sie zu organisieren, doch sie hatte Angst, sich zu verlaufen und nicht mehr zum Flughafen zurückzufinden. Also blieb mir nichts anderes übrig, als bis zum nächsten Morgen zu warten.

Die Kinder schliefen tief und fest, als ich mich schließlich zu Harald ins Bett legte. Er las in einem Magazin und war ganz in einen Bericht über einen Vulkan vertieft. Ich schlug ein Buch auf, doch ich konnte mich nicht konzentrieren. Ich starrte auf die Seiten, während meine Gedanken ganz woanders waren.

Durch meine Reise und meine Recherche hatte ich jetzt eine ziemlich klare Vorstellung von den Ausmaßen der Hexenverfolgung in Afrika. Ich hatte eine Ahnung von den

Ursachen und verschiedenen Faktoren, die bei diesem komplizierten Phänomen zusammenspielten. Ich hatte Kinder und Erwachsene getroffen, die ein ähnliches Schicksal erlitten hatten wie ich. Viele waren von ihren Familien verstoßen worden und auf der Straße gelandet. Ich verstand die Zusammenhänge, kannte die Not der Opfer und die Beweggründe der Ankläger. Doch worüber ich mir in dieser Nacht Gedanken machte, war mein eigenes Leben. Mein Schicksal. Meine Familie. Mein Vater. Warum gerade er diesem Wahn verfallen war und bis heute von ihm beherrscht wurde.

Um das zu verstehen, musste ich objektiv sein. Bisher war ich das nie gewesen. Immer hatte ich ihn mit den Augen des sechzehnjährigen Mädchens gesehen, das nicht verstand, warum sein Daddy es verstoßen hatte. Warum er es nicht mehr lieb hatte.

Um meinen Vater endlich zu verstehen, musste ich hinter seinem strengen Gesicht und seinen irrationalen Anklagen den Mann suchen, der er war, mit seiner Vergangenheit, seinen Träumen und Ängsten.

Mein Vater stammte aus einer armen Gegend. Er hatte neun Geschwister. Trotzdem wuchs er praktisch allein auf. Schon mit sechs Jahren musste er Geld verdienen, um seiner Familie zu helfen. Statt zur Schule zu gehen und nachmittags mit seinen Geschwistern zu spielen, verbrachte er seine Zeit auf der Straße und verkaufte Essen. Als er älter wurde, schaffte er es ohne jegliche Unterstützung von seinen Eltern, etwas aus seinem Leben zu machen. Alles, was er war, alles, was er besaß, hatte er sich selbst und ohne Hilfe von anderen erarbeitet.

Ich kann mich an Zeiten erinnern, als meine Geschwister und ich von einem Chauffeur zur Schule gefahren wurden. Als wir nicht nur eines, sondern gleich drei Hausmädchen hatten.

Als wir in die besten Schulen gingen, die schönsten Strände besuchten und die besten Kleider trugen. Mein Vater hatte hart gearbeitet und viel erreicht. Dafür verlangte er Respekt.

Das Bedürfnis, respektiert zu werden, war ein wichtiger Aspekt seiner Persönlichkeit, ein Aspekt, den ich nachvollziehen konnte. Auch ich hatte genug Zeit als Straßenverkäuferin unter einer Brücke verbracht, um zu wissen, wie hart dieses Leben war. Auch ich hatte es aus eigener Kraft geschafft, mich aus dieser Situation zu befreien und mir ein besseres Leben aufzubauen.

In der Kindheit meines Vaters spielten nicht nur Armut und harte Arbeit eine Rolle, sondern auch das ewige Schweigen. In vielen Familien und Gesellschaften werden Probleme einfach ignoriert, Gefühle verdrängt und Ängste allein ausgestanden. Es gilt als ein Zeichen von Schwäche, offen darüber zu sprechen. In Nigeria ist diese Einstellung stark verbreitet und auch in der Familie meines Vaters war es nicht anders. Heute glaube ich, dass alles, womit mein Vater in seinem Leben zu kämpfen hatte, einfach zu viel für ihn war. Weil er nie über seine Probleme sprechen konnte, stauten sie sich so lange in ihm auf, bis er überfordert war.

Mein Vater ist ein Mensch, der nie gelernt hat, sich mit seinen Problemen auseinanderzusetzen und mit ihnen umzugehen. Sei es finanzielle Not, Streit in der Familie oder kleine, alltägliche Probleme.

Eines Tages kam der Punkt, an dem er seine Probleme weder verdrängen noch erklären noch lösen konnte. Alles Glück hatte ihn verlassen. Er stand mit seinem Geschäft vor dem Ruin, er hatte kein Geld mehr. Er fürchtete, alles, wofür er so hart gearbeitet hatte, zu verlieren. Die Hexereianschuldigungen waren wohl ein einfacher und schneller Ausweg. Schon lange bevor er mich aus dem Haus warf, hatte er auch seine eigenen Eltern und Geschwister beschuldigt, Hexen zu sein.

Ich erinnerte mich, dass ich als Kind meinen Großvater nur wenige Male gesehen und nie mit ihm gesprochen hatte. Mein Vater hatte uns den Kontakt mit ihm verboten. Damals hatte ich mir nicht allzu viel dabei gedacht. Ich glaubte, mein Daddy hätte sicher einen guten Grund für seine Anschuldigungen. Erst später, nachdem er auch meine Mutter und schließlich mich für sein Unglück verantwortlich machte, erkannte ich seinen Wahn.

Wie bei so vielen Menschen, die dem Hexenwahn verfallen, gab es auch im Fall meines Vaters niemanden, der ihn aufgehalten und ihm klar gemacht hätte, dass er im Unrecht war. Wenn es um Hexenverfolgung geht, gibt es in Afrika kein Schwarz oder Weiß, keine klaren Definitionen, Regeln oder Gesetze, an die die Menschen sich halten könnten. Selbst dort, wo es solche Gesetze gibt, stehen das Rechtssystem und der Gerechtigkeitssinn der Menschen oft im Widerspruch zueinander.

Wenn jemand etwas stielt, ist das gegen das Gesetz und er muss bestraft werden, das verlangt die Gerechtigkeit. Diebstahl ist überall auf der Welt als Verbrechen anerkannt. Nicht so Hexerei. Wenn Menschen gegen die vermeintliche Bedrohung durch Hexen vorgehen, fühlen sie sich dennoch im Recht.

Nichts von all dem ist eine Entschuldigung für das Verhalten meines Vaters. Armut, eine schwere Kindheit, Unaufgeklärtheit, ein Mangel an Zuwendung und Geborgenheit. Nichts davon rechtfertigt, dass ein Mann seine Familie zerstört, seine Frau verflucht und seine Kinder angreift.

Es ist aber eine Erklärung.

Ich hatte das Gefühl, den Mann, der mein Vater war, jetzt tatsächlich besser zu verstehen. Ich glaubte sogar, ihm vergeben zu können. Womöglich hatte ich nach unserem letzten Treffen zu schnell aufgegeben.

Sollte ich es noch einmal versuchen? Meinen Vater erneut aufsuchen, jetzt, da ich all diese Erkenntnisse über ihn gewonnen hatte?

Vielleicht.

Ich starrte an die Decke über meinem Bett. Draußen fielen geräuschlos die ersten Schneeflocken des Jahres vom Himmel. Im Haus war es still, Harald war längst eingeschlafen und atmete leise neben mir.

Gegen zwei Uhr früh fielen auch mir die Augen zu, ohne dass ich zu einem Entschluss gekommen wäre. Das störte mich nicht. Ich hatte gefunden, wonach ich gesucht hatte.

Ich hatte endlich Antworten auf Fragen, die ich mir dreizehn Jahre lang gestellt hatte. Ich hatte eine Erklärung dafür, warum mein Leben so verlaufen war, wie es war. Vielleicht war das ja genug.

Fünfzehn Stunden später landete das Flugzeug meiner Mutter in Wien. Roland und ich standen in der Ankunftshalle und warteten. Roland war aufgeregt und voller Vorfreude. Ich musste ihn an der Hand halten, damit er nicht ständig hüpfte oder davonlief. Ich selbst war auch aufgeregt. Noch immer fragte ich mich, ob es wirklich so eine gute Idee gewesen war, Mummy zu uns einzuladen. Was, wenn wir uns nicht versöhnen konnten?

»Wie sieht sie aus, die Oma aus Afrika?«, fragte Roland, als die ersten Passagiere in der Halle erschienen. »Sieht sie so aus wie du, Mama?«

Ich wusste es nicht. Alle hatten immer behauptet, dass wir uns ähnlich sahen, doch in den vergangenen dreizehn Jahren hatten wir uns beide stark verändert.

»Ein bisschen«, sagte ich.

Schließlich sah ich sie. Eine große Frau mit grauer Weste, offenen Sandalen und dünner Stoffhose. Kein Wunder, dass sie in Italien gefroren hatte. Sie musste die Kälte in Europa unterschätzt haben. Ich beugte mich hinunter zu Roland und zeigte mit dem Finger auf sie.

»Da, das ist sie.«

Als Mummy mich und Roland sah, lief sie auf uns zu. Sie strahlte über das ganze Gesicht, als sie ihren Enkel hochnahm und ihn vor Begeisterung und Glück an sich drückte. Als ich Tränen in ihren Augen sah, wusste ich, dass es richtig gewesen war, sie einzuladen. Egal, was vor dreizehn Jahren geschehen war, sie war meine Mutter und ich liebte sie.

»Ist der schwer«, sagte sie lachend und stellte Roland wieder auf den Boden. Dann sah sie mich an und lächelte erschöpft, aber herzlich. Sie nahm mich in die Arme, so wie ich es mir vor vielen Jahren immer gewünscht hatte, und hielt mich einfach fest. Ich konnte mein Glück kaum fassen.

Danksagung

Dieses Buch ist eine Zusammenfassung meiner Reise nach Nigeria und Ghana im Jahr 2010 und der Erkenntnisse, die ich durch meine Recherche während dieser Zeit gewonnen habe. Die vielen Menschen, die mich unterstützt und mir ihre eigenen Rechercheergebnisse zur Verfügung gestellt haben, sollen nicht ungenannt bleiben.

Mein besonderer Dank gilt Agnes und allen Frauen, die wir auf unserer Reise getroffen haben, die uns schnell Vertrauen geschenkt und ihre Geschichten mit uns geteilt haben.

Auch bei Mr. Owosu, Simon und seiner Frau Evelyn, die uns begleitet haben, möchte ich mich bedanken – für ihre Zeit, ihr Engagement und ihre Arbeit.

Jan, Ole, Andrea und Christel vom Bayerischen Rundfunk; Golli, Johannes und alle Tellux-Film-Mitarbeiter, die an den Vorbereitungen, dem Dreh und der Fertigstellung des Films mitgewirkt haben. Ohne euer Engagement hätte ich viele wertvolle Erfahrungen nicht gemacht. Danke.

Gerlinde, du warst immer da und hast meine Projekte so gut unterstützt, wie du konntest. Dafür bin ich dir sehr dankbar, ebenso wie für deine Freundschaft.

Natürlich möchte ich auch meinem Verleger und seinem gesamten Team für die tolle Zusammenarbeit danken.

Danke dir, Corinna, für das Lesen der ersten Fassung meines Manuskripts und dein wertvolles Feedback. Ohne deine Unterstützung hätte ich auch dieses Buch nicht realisieren können.

Ohne den treuen und engagierten Mitarbeitern und ehrenamtlichen Helfern, sowohl in Österreich als auch Nigeria, gäbe es den Verein EXIT nicht. Ich bedanke mich herzlich bei euch allen.

Josef und Maria, unsere Gmünder Großeltern: Danke, dass ihr auf unsere Kleinen aufgepasst und mir so die Zeit gegeben habt, die Reise zu machen und dieses Buch zu verwirklichen.

Großmutter Sister, Mummy, Itohan, Richard und Fred: Ihr steht zu mir und meiner Arbeit. Ihr seid die beste Familie und ich liebe euch alle. Danke, dass es euch gibt.

Last but not least, lieber Harald, du bist wie ein großer Felsen, der mich umarmt. Deine Unterstützung ist unbeschreiblich. Danke, dass du bist, wie du bist!

Joana Adesuwa Reiterer
August 2011

Folgende Berichte dienten mir als Grundlage für meine Recherche und lieferten wertvolle Informationen und Daten für dieses Buch:

SAPRA – South African Pagan Rights Alliance:
Review: Witchcraft accusations and human rights abuses in Africa, December 2010
www.paganrightsalliance.org

CRARN – Child's Right and Rehabilitation Network:
Annual Progress Report, 2009
www.crarn.net

AFRUCA – Africans Unite Against Child Abuse. Promoting the Rights and Welfare of African Children:
What is Witchcraft Abuse? Safeguarding African Children in the UK Series 5
www.afruca.org

CIMPRIC, Aleksandra:
Children Accused of Witchcraft. An anthropological study of contemporary practices in Africa. UNICEF WCARO, Dakar, April 2010
www.unicef.org/wcaro

UNHCR – The UN Refugee Agency; Policy Development and Evaluation Service:
Research Paper No. 197. New Issues in Refugee Research. *Breaking the spell: responding to witchcraft accusations against children* (ISSN 1020-7473)
www.unhcr.org